Cindy Belén Espinoza Aguirre
Polo Fabian Iñiguez

# Gobierno de Tecnologías de la Información (TI) como aliado del Negocio

Cindy Belén Espinoza Aguirre
Polo Fabian Iñiguez

# Gobierno de Tecnologías de la Información (TI) como aliado del Negocio

## Marco de Gobierno de Tecnologías de la Información

Editorial Académica Española

**Imprint**
Any brand names and product names mentioned in this book are subject to trademark, brand or patent protection and are trademarks or registered trademarks of their respective holders. The use of brand names, product names, common names, trade names, product descriptions etc. even without a particular marking in this work is in no way to be construed to mean that such names may be regarded as unrestricted in respect of trademark and brand protection legislation and could thus be used by anyone.

Cover image: www.ingimage.com

Publisher:
Editorial Académica Española
is a trademark of
International Book Market Service Ltd., member of OmniScriptum Publishing Group
17 Meldrum Street, Beau Bassin 71504, Mauritius

Printed at: see last page
**ISBN: 978-620-2-14857-3**

**AGRADECIMIENTOS**

Quiero agradecer en primer lugar a Dios, por que ha estado conmigo a cada paso que doy, cuidándome y dándome fortaleza para continuar.

Agradezco a mi esposo por su apoyo en cada momento. A todos: gracias de corazón.

# ABSTRACT

For the development of this proposal of IT Governance, the needs for implementing IT Governance at organization were identified, using best practices of IT governance as it is COBIT 5 and ISO 38500 standard, for the purpose of generating value to the institution to more than placing IT as a strategic area in meeting corporate goals.

One of the motivations for the realization of this proposal was to support current and future decisions of the organization. Under this context, it has been realized the prioritization of improvement initiatives, with their goals, metrics and indicators, which will allow for the continuous measurement of results, and learn about the progress of achievements.

Finally, it is presented a proposal that allows IT Governance to reach capability levels progressively in their information technology processes, towards achieving a good governance of IT.


**KEYWORDS:**
IT Governance Application of COBIT 5 Corporate Governance

# ÍNDICE

# ÍNDICE DE FIGURAS

# ÍNDICE DE TABLAS

## Índice de Anexos

# INTRODUCCIÓN

En la actualidad  las tecnologías y los sistemas de información se han convertido en el elemento esencial para la supervivencia de las organizaciones. Por ello *"El Gobierno de las TIC debe ser integrante de la gobernanza corporativa…"* (ISACA , 2014) .En este sistema, el reto del CIO (Chief Information Office) es cada vez mayor debido a que debe  apoyar el cumplimiento de los objetivos estratégicos de la Institución, mientras  soporta las presiones regulatorias, técnicas y políticas.

De este modo, *"Las respuestas rápidas a estas presiones puede llevar fácilmente a perder el alineamiento con la organización y dedicarse a resolver problemas puntuales"* (Muñoz, 2011) hasta convertirse en un departamento de soporte e incapaz de demostrar el valor agregado que presta a la organización.

Por ello, es importante que el área de TI sea evaluada objetivamente, desde la perspectiva de generación de valor a la corporación, por parte de la alta gerencia. (Cobo,O. y Vanti, A., 2015). Con la finalidad, de lograr este impacto deseado en la institución, se propone la implementación de un marco de referencia para el Gobierno y la Gestión de TIC; a fin de demostrar las mejoras de acuerdo a los objetivos estratégicos del negocio y la claridad en la obtención de resultados.

Para un mejor entendimiento, a continuación se ha realizado una breve síntesis de cada uno de los capítulos abordados en la propuesta de marco de gobierno de TI.

En el Capítulo I, se realiza el análisis de buenas prácticas internacionales de Gobierno de TI,  y la necesidad de su implementación en instituciones y empresas.

En el Capítulo II, se elabora una metodología de alineamiento de las metas de TI con los objetivos estratégicos de las organizaciones con el propósito de identificar los elementos organizacionales que deben ser reforzados, además de garantizar una adecuada gobernanza de TI.

En el Capítulo III, se efectúa el Gap Análisis y la propuesta del Modelo de Gobierno de TI en base a las necesidades de las corporaciones.

Finalmente, en el Capítulo IV se presentan las conclusiones de la aplicabilidad de Gobierno de TI y las recomendaciones de implementar el marco de gobierno de TI en corporaciones basado en las mejores prácticas.

# 1.  CAPÍTULO I – FUNDAMENTOS DE GOBIERNO DE TI.

## 1.1  Concepto.

El marco de Gobierno de TI emplea mejores prácticas de generación de valor óptimo desde TI, con el fin de mantener equilibrio entre las metas estratégicas corporativas y la generación de beneficios.

## 1.2  Beneficios de aplicar Gobierno de TI

Entre los beneficios se encuentran, el alinear las metas de TI con los objetivos estratégicos organizacionales, logrando identificar los elementos corporativos que influyen directamente en la propuesta de marco de referencia para el Gobierno de TI.

Al aplicar Gobierno de TI se cuenta con el análisis de las buenas prácticas internacionales y sus herramientas relevantes que se ajustan al diagnóstico institucional y GAP  análisis de la corporación.

## 1.3  Necesidad de implementar Gobierno de TI

En la actualidad TI pretende lograr el cumplimiento de leyes y regulaciones externas e internas,  tanto con las partes interesadas externas de la Institución (consultores, proveedores, auditores, entre otros.), como con las partes internas.

Para obtener una relación ágil, "…el departamento de TI debe adoptar un conocimiento común del marco de gobierno de TI…" (Gómez, 2010).

En la actualidad,  la mayoría de corporaciones requiere implementar un marco de Gobierno de TI que considere como mínimo: el incremento de los beneficios frente a las oportunidades, minimizar los riesgos, contar con servicios de TI eficientes, promover la optimización de recursos internos y externos, el cumplimiento normativo, regulatorio y de proyectos, promover la integración de los grandes sistemas de información, formular la estrategia de TI acorde a los objetivos de cada corporación.

De acuerdo a este concepto, la Dirección de Tecnologías de la Información y Comunicaciones será una parte integral de la organización, al cubrir las necesidades tanto del área de TIC y del negocio.  Para ello, se requiere identificar métricas de desempeño, metas y expectativas transversales a la organización.

En este contexto, el conocimiento y la aplicación de un Marco de Gobierno de TI  facilitarán el alineamiento de TI al negocio. De este modo, TI estará preparado para soportar los cambios en función de la estrategia corporativa, así como mostrar un retorno claro del aporte de TI hacia la organización.

Una vez que se ha identificado la causa de  la falta de un Marco de Gobierno de TI en la corporación,  se  puede abordar el concepto de Gobierno de TI.

## 1.4    Introducción a Gobierno de TI.

De manera general,  el gobierno de TI se define como un *"Conjunto de procesos, que aseguran el uso eficiente y efectivo de las TI, en el cumplimiento de sus objetivos..."* (Gerrard, 2010). Además tiene como finalidad controlar la gestión y el Gobierno de TI a través de la identificación de la situación actual hasta que se lograre un impacto elevado en la corporación.
Es común en la mayoría de las corporaciones que la relación entre TI y negocio se mantenga aislada o dispersa. Por lo tanto, se requiere reducir las brechas entre el personal de negocio y TI, haciendo uso de un Marco de Gobierno de TI.

Cabe anotar que la adopción del Marco de Gobierno de TI deberá contar con la participación del *"Nivel directivo, ejecutivos y gerentes de TI,  para controlar la formulación e implementación de estrategias de TI, de modo que se asegure la integración entre TI y la organización"* (Cordero, 2006); el éxito de adopción del marco de referencia en la Institución dependerá de la cultura de cambio.
Con este enfoque, se analiza el estándar ISO 38500, el cual constituye una guía o herramienta para el gobierno y la gestión ya que se establecen las actividades de Gobierno de TI tales como, evaluar, dirigir y monitorizar del uso de las Tecnologías de la Información y Comunicación TIC. El concepto de las actividades de gobierno se explica a continuación:

**Evaluar**.- *"Permite examinar y juzgar el uso actual y futuro de las TIC al incluir estrategias, propuestas y acuerdos de aprovisionamiento (interno y externo)"*. (Ballester, 2010).

**Dirigir**.- *"Dirigir la preparación y ejecución de los planes y políticas, asignando la responsabilidad al efecto. Impulsar una cultura de buen gobierno de TIC dentro de la organización…"*. (Ballester, 2010).

**Monitorizar**.- *"Vigilar el rendimiento de la TIC, asegurando que se ajusta a lo planificado"*. (Ballester, 2010) . Ver Figura Nro. 1.

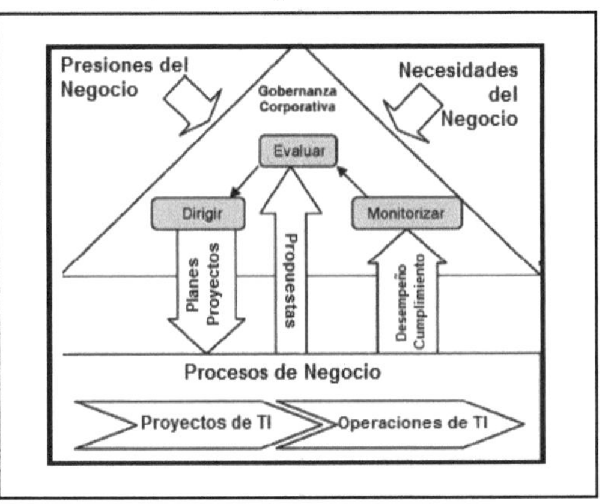


Figura 1. Modelo de Gobierno Corporativo de TIC
Tomado de Ballester Manuel, 2010, p.4

El modelo de gobierno corporativo del estándar ISO/IEC 38500:2008 propone un marco de 6 principios usados al evaluar, dirigir y monitorear las TIC (UNE-ISO/IEC 38500, 2013), tal y como se observa en la siguiente tabla.

Tabla 1. Principios de la ISO/IEC 38500:2008

| PRINCIPIOS | DEFINICIÓN |
| --- | --- |
| RESPONSABILIDAD | *Todo el mundo debe comprender y aceptar sus responsabilidades en la oferta o demanda de TI. La responsabilidad sobre una acción lleva aparejada la autoridad para su realización.* |

| | |
|---|---|
| ESTRATEGIA | *La estrategia de negocio de la organización tiene en cuenta las capacidades actuales y futuras de las TI. Los planes estratégicos de TI satisfacen las necesidades actuales y previstas derivadas de la estrategia de negocio.* |
| ADQUISICIÓN | *Las adquisiciones de TI se hacen por razones válidas, basándose en un análisis apropiado y continuo, con decisiones claras y transparentes. Hay un equilibrio adecuado entre beneficios, oportunidades, costes y riesgos tanto a corto como a largo plazo.* |
| DESEMPEÑO | *La TI está dimensionada para dar soporte a la organización, proporcionando los servicios con la calidad adecuada para cumplir con las necesidades actuales y futuras.* |
| CUMPLIMIENTO | *La función de TI cumple todas las legislaciones y normas aplicables. Las políticas y prácticas al respecto están claramente definidas, implementadas y exigidas.* |
| FACTOR HUMANO | *Las políticas de TI, prácticas y decisiones demuestran respeto por la conducta humana, incluyendo las necesidades actuales y emergentes de toda la gente involucrada* |

Tomado de: UNE-ISO/IEC 38500, 2013

Después de, analizar los principios clave que rigen el gobierno corporativo de TIC se realiza una introducción al marco de trabajo COBIT 5, el mismo que adopta el estándar ISO/IEC 38500:2008. Además de analizar los elementos que permiten un buen gobierno corporativo de TI. (ISACA , 2014, pág. 57). A continuación una introducción a COBIT 5.

## 1.5 Gobierno de TI según el marco de referencia de COBIT 5

*"COBIT 5 provee de un marco integral que ayuda a las empresas a alcanzar sus objetivos para el gobierno y la gestión de las TI corporativas, mediante la*

*optimización de los niveles de riesgo y la gestión de recursos..."* (ISACA, 2012, pág. 13) . Logrando que las TI sean gobernadas y gestionadas de modo holístico respecto al negocio.

Por esta razón, COBIT 5 es una solución integral para todo tamaño y tipo de línea de negocio, debido a que se encuentra orientado a procesos en una estructura manejable de control más que de ejecución, estos controles parten de las necesidades de las partes interesadas tanto internas como externas, según sus 5 principios. Ver Figura Nro. 2.

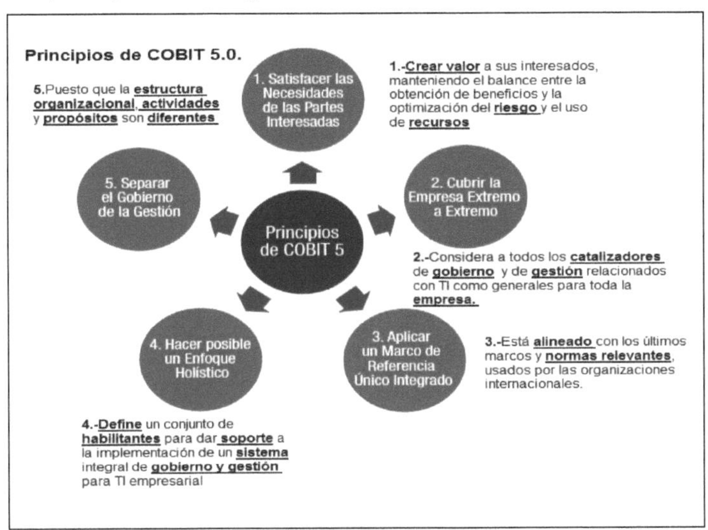


Figura 2. Principios COBIT 5
Tomada de: *(ISACA, 2012, pág. 13)*

El primer principio "Satisfacer las necesidades de las partes interesadas", crear valor a sus interesados, manteniendo el balance entre la obtención de beneficios y la optimización del riesgo y el uso de recursos. De esta manera COBIT 5 *"convierte las metas de TI en objetivos de la empresa..."* (ISACA, 2012, pág. 14) es decir usa un enfoque de cascada. Ver la Figura Nro.3.

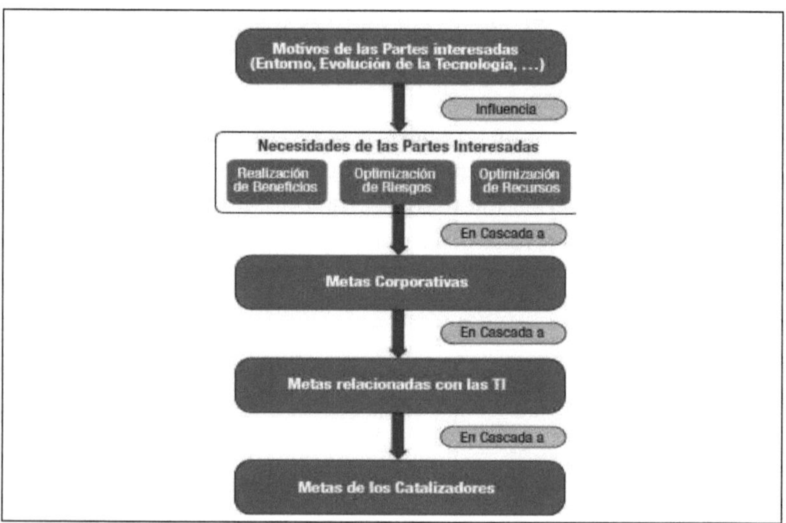

Figura 3. Cascada de Metas de COBIT 5
Tomado de *(ISACA, 2012, pág. 18)*

Se debe tomar en cuenta el motivo de las partes interesadas influenciadas por cambios estratégicos, entornos regulatorios y nuevas tecnologías. De acuerdo a este argumento, la cascada de metas de COBIT 5 traduce las necesidades de las partes interesadas en metas corporativas y en metas relacionadas a TI. (ISACA, 2012, pág. 17).

A la final, se busca el apoyo a los objetivos estratégicos institucionales en relación con los siguientes puntos:

1. Necesidades de las partes interesadas, clasificadas en 4 dimensiones (financiera, cliente, interna, aprendizaje), detalladas en el cuadro de mando integral (*Balanced Scorecard*). Para posteriormente ser mapeadas en metas empresariales. (ISACA, 2012, pág. 14)
2. Metas Corporativas, en donde los objetivos de la empresa son alineados a los objetivos de TI.
3. Las metas de TI, se encuentran clasificadas en 5 grupos de procesos detallados a continuación:

1. Alinear, planifica y organizar.
2. Construir, Adquirir e Implementar.
3. Entregar dar servicio y soporte.
4. Evaluar, orientar y supervisar.
5. Supervisar evaluar y valorar.

El segundo principio "Cubrir la empresa extremo a extremo" (ISACA, 2012, pág. 14), considera a todos los catalizadores de gobierno y de gestión relacionados con TI como generales para toda la empresa. Además COBIT 5 proporciona una visión integral y sistémica del gobierno y la gestión de la empresa TI basada en los catalizadores. A continuación se detalla las ventajas del enfoque de gobierno extremo a extremo.

- Integrar el Gobierno de la Empresa TI al Gobierno Corporativo.
- Cubrir todas las funciones y procesos necesarios para gobernar y gestionar la información corporativa y las tecnologías relacionadas

El tercer principio "Aplicar un Marco de Referencia Único Integrado" (ISACA, 2012, pág. 13), está alineado con los estándares y prácticas relevantes usados por las organizaciones internacionales en el ámbito tales como ITIL,TOGAF, PMBOK , COSO, PRINCE2 ,ISO/IEC 38500, etc.

El cuarto principio "Hacer posible un Enfoque Holístico" (ISACA, 2012, pág. 14), define un conjunto de habilidades para dar soporte a la implementación de un sistema integral de gobierno y gestión para TI empresarial, a partir de los 7 catalizadores detallados a continuación. (ISACA, 2012, pág. 15).

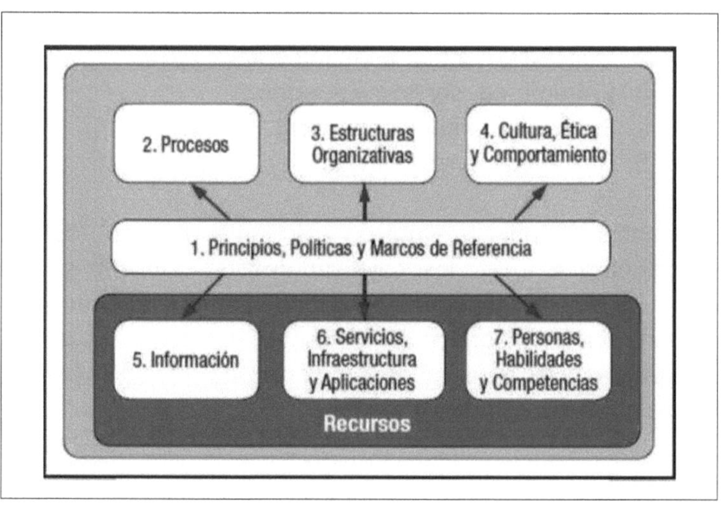


Figura 3. Los siete Catalizadores de COBIT 5
Tomado de (ISACA, 2012, pág. 28)

De este modo, los 7 catalizadores, proporcionan una manera simple de manejar las interacciones entre sus 4 dimensiones para gestionar el rendimiento. Ver Figura Nro. 4.

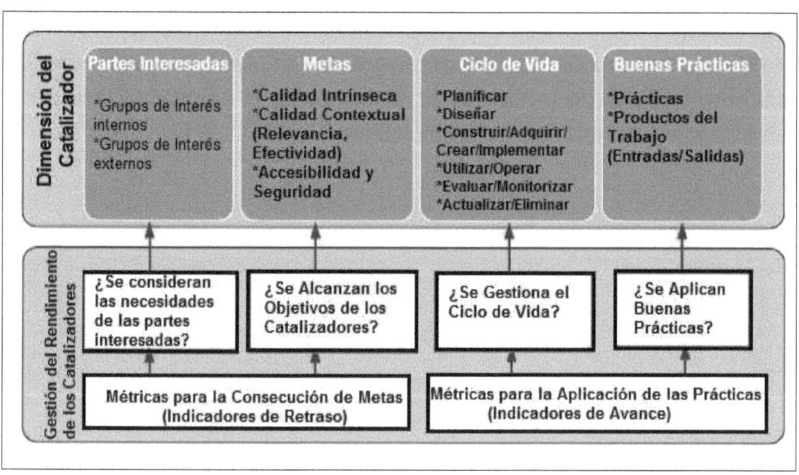


Figura 4. Dimensiones de los habilitantes de COBIT 5
Tomado de ISACA, 2012

Por lo tanto, tanto las instituciones como las empresas deben efectuar las siguientes preguntas relacionadas al rendimiento de los 7 catalizadores, para cada una de las 4 dimensiones:

- ¿Se consideran las necesidades de las partes interesadas? (ISACA, 2012, pág. 18).
- ¿Se alcanzan los objetivos de los catalizadores? (ISACA, 2012, pág. 18).
  Se basa en la calidad intrínseca, es decir la medida en que cada catalizador trabaja de manera precisa, objetiva y de confianza;
  Se basa en la calidad contextual, es decir  la medida en que los resultados son aptos para el propósito dado según el contexto en el que operan.
- ¿Se gestiona el ciclo de vida? (ISACA, 2012, pág. 18).
  Para cada una de sus fases: planificar, diseñar, construir, utilizar y evaluar.
- ¿Se aplican buenas prácticas? (ISACA, 2012, pág. 18).
  Las cuales, se relacionan con los indicadores de avance.

El quinto principio "Separar el Gobierno de la Gestión", debido a que la estructura organizacional, actividades y propósitos son diferentes. Al ser diferentes se encuentran plasmados en los dominios del modelo  de procesos, tal como se muestra en la siguiente Figura.

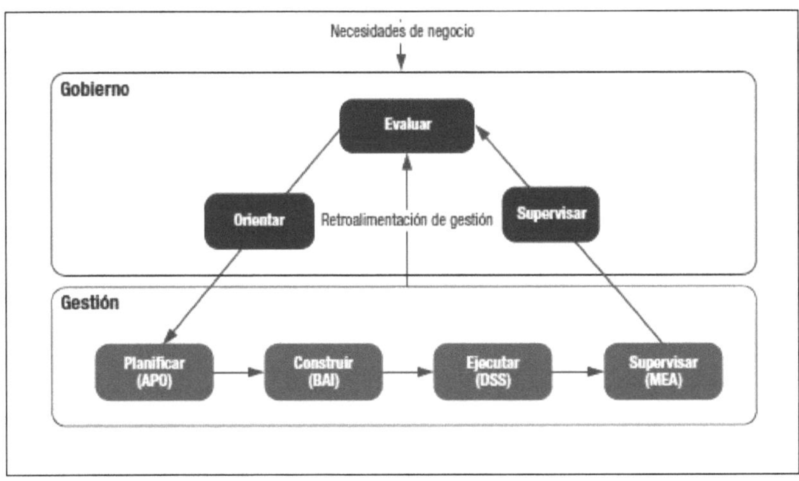


Figura 5. Dominios del Modelo de Referencia de procesos
Tomado de (ISACA, 2012, pág. 32)

El gobierno *"Contiene cinco procesos de gobierno; dentro de cada proceso se define prácticas de evaluación, orientación y supervisión (EDM)[1]."* (ISACA, 2012, pág. 32).

Mientras que la gestión *"Contienen cuatro dominios, en consonancia con las área de responsabilidad de planificar, construir, ejecutar y supervisar (Plan, Build, Rund and Monitor- PBRM), y proporciona cobertura extremo a extremo de TI..."*. (ISACA, 2012, pág. 32).

El establecimiento de un Marco de Gobierno de TI, significa que el Departamento de TI logrará el equilibrio adecuado entre la generación y la optimización de los niveles de riesgo, mejorar la alineación con el Gobierno Corporativo, determinar responsabilidades, priorizar inversiones llevando una adecuada gestión de proyectos, evaluación y seguimiento de procesos, aplicar buenas prácticas internacionales de Gobierno de TI. (Fernández, 2016, pág. 15).

Para que el sistema de Gobierno sea efectivo *"...Es importante que exista un entorno apropiado para la implementación de mejoras en el GEIT. Esto ayuda a asegurar que la iniciativa en sí misma está gobernada y guiada de manera adecuada y con el apoyo de la dirección..."*. (ISACA, 2012, pág. 17).

Como se puede apreciar, el marco de referencia COBIT 5 es consistente y aplicable para cualquier tipo de negocio, al ser una *"...herramienta innovadora para el Gobierno de TI (Governance. Término aplicado para definir un control total)..."* (Fernández, 2016, pág. 138). El propósito de aplicar COBIT 5 trae como consecuencia un control global de gobierno y gestión al evidenciar políticas claras, objetivos de control y actividades  alineadas al Gobierno Corporativo, ósea entre la estrategia de negocio y TI.

Al seleccionar el marco de referencia COBIT 5 se contará con un enfoque de control basado en la información y el soporte que brinde TI a los procesos de negocio, considerando a la información *"...como el resultado de la aplicación combinada de recursos relacionados con la Tecnología de Información que deben ser administrados por procesos de TI..."* (Fernández, 2016, pág. 140).

---

[1] Actividades dentro del dominio de gobierno que identifican hasta qué punto la gestión es realmente aplicada.

*"Una vez implantado el sistema de Gobierno de las TI, éste no debe permanecer inflexible ante los cambios en su entorno sino que debe caracterizarse por su anticipación (capacidad para planificar los cambios esperados y para afrontar cambios inesperados), agilidad (capacidad para responder rápidamente a un cambio) y adaptabilidad (capacidad de la organización de auto-aprender y de auto-organizarse en base a experiencias anteriores)"*. (Fernández A, 2016, pág. 8).

En este contexto, el Gobierno de TI requiere una herramienta para evaluar el desempeño y gestión de recursos. Por consiguiente se realiza una introducción a los modelos de madurez y capacidad de los procesos según el estándar ISO 15504.

## 1.6 Introducción a modelos de madurez y capacidad de los procesos (ISO 15504)

La norma internacional ISO/IEC 15504, mejora la capacidad y madurez de los procesos en las organizaciones. (Satish, 2016). Es una herramienta o metodología comprensible, lógica, repetible, fiable y robusta usada en la evaluación de capacidad de los procesos.

La ISO/IEC 15504-4 clasifica la evaluación de madurez y la evaluación de capacidad como independientes:

La evaluación de madurez a nivel empresarial, usa criterios y atributos propios de cada empresa. (Fernández C, 2012, pág. 237) Sostuvo que *"Un modelo de madurez organizacional es la expresión del grado en que una organización lleva a cabo constantemente los procesos dentro de un alcance definido que contribuye a la consecución de sus objetivos de negocio (actuales o proyectados)"*.
De acuerdo con este concepto, la evaluación por nivel de madurez utiliza un conjunto seleccionado de procesos que definen el camino de mejora continua.

Además constituyen una plataforma evolutiva que torna como resultado una organización madura.

Mientras que, la evaluación de capacidad se efectúa a un nivel de proceso, con lo cual se identifica si el proceso cumple o no su propósito. Para la evaluación por procesos se usan los cinco criterios de análisis de capacidad del proceso, a fin de mantener una mejora continua. Ver Figura 6.

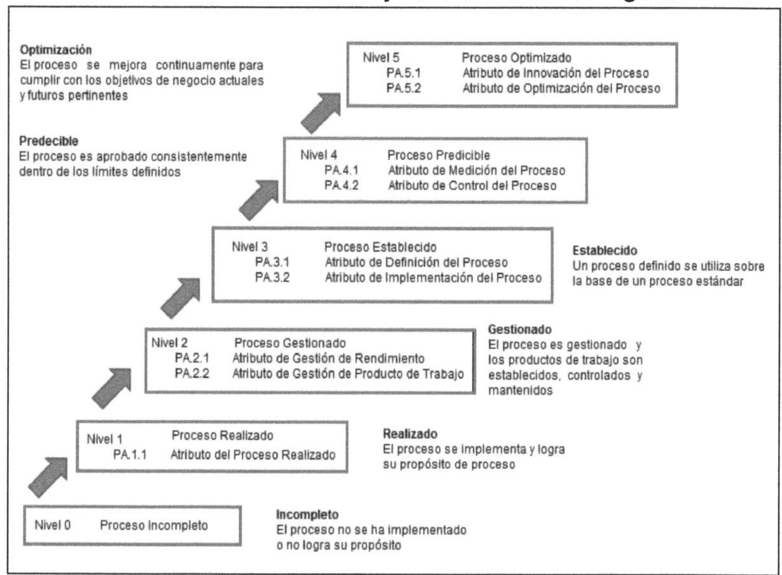


Figura 5. Análisis de Capacidad
Tomado de (Satish, 2016)

Cada nivel de capacidad tiene un conjunto de atributos de proceso relacionados a una escala de calificación y su porcentaje de logro alcanzado.Ver la tabla Nro. 2.

Tabla 2. Escala de calificación de atributos de proceso

| Atributos de Proceso | | Porcentaje de logro |
|---|---|---|
| N | No logrado | 0 a 15% |
| | Hay poca o ninguna evidencia del logro del atributo definido en el proceso evaluado. | |

| P | Parcialmente Logrado. | > 15% a 50% |
|---|---|---|
| | Hay alguna evidencia de un enfoque y algunos logros del atributo definido en el proceso evaluado. Algunos aspectos del logro del atributo pueden ser impredecibles. | |
| L | Logrado en gran parte | > 50% a 85% |
| | Hay evidencia de un enfoque sistemático y un logro significativo del atributo definido en el proceso evaluado. Pueden existir ciertos puntos débiles relacionados con el atributo en el proceso evaluado. | |
| F | Totalmente Logrado. | > 85% a 100% |
| | Hay evidencia de un enfoque completo y sistemático y el logro total del atributo definido en el proceso evaluado. No existen puntos débiles significativos relacionados con este atributo en el proceso evaluado. | |

Tomado de (Flores, Brenda., Astorga M., Rodríguez O., Ibarra J., Andrade M., 2014, pág. 100)

La evaluación de capacidad constituyen a la institucionalización, es decir que *"...el grado de institucionalización está representado por los atributos del proceso que se alcanzan..."* (Fernández C, 2012, pág. 243), de tal manera que se propone la utilización de la norma ISO/IEC 15504-4 para el análisis de capacidad de los procesos existentes tanto en empresas como en instituciones.

# 2. CAPÍTULO II. ALINEAMIENTO DE LAS METAS DE TI CON LOS OBJETIVOS ESTRATÉGICOS EN LAS ORGANIZACIONES

## 2.1 Análisis del Entorno Empresarial

Tal y como se indicó en el numeral 1.4 del Capítulo 1, de entre los beneficios de implementar Gobierno de TI se encuentra la alineación estratégica. Por lo cual, se analiza la misión, visión, principios que rigen las organizaciones, con el fin de partir del análisis de la estrategia institucional hasta llegar a plasmar las estrategias comunes de TIC y la corporación.

Por ello es importante que el área de TIC, conozca cual es la razón de ser del negocio, a más de entender la misión, visión, valores y objetivos de las corporaciones. Una vez que se entienda el funcionamiento del negocio, se debe revisar cuales son los principios institucionales.

Al efectuar el análisis institucional se podrá alinear las metas de TI en base a las necesidades de las empresas, se analizan los objetivos, indicadores, metas que efectivizan los objetivos empesariales.

## 2.2 Descripción de los objetivos estratégicos de la Empresa

El alineamiento tiene que mostrar mejoras de acuerdo a los objetivos estratégicos de la Empresa.

Por ello, la implantación de un sistema de Gobierno de TI logrará desarrollar e innovar modelos de negocios que transformen la Organización, faciliten el desarrollo y crecimiento de ella, aumenten su valor, optimicen la operación. De este modo, el área de TIC será considerada como área estratégica. A continuación se muestra la estructura organizacional por procesos. *(ISACA, 2012)*.

## 2.3 Estructura organizacional

Un claro entendimiento del entorno institucional, proporciona un punto de inicio para la creación de la estrategia de TI, la cual asegure una sincronización sobre los objetivos institucionales.De este modo, se recomendable analizar o crear un Plan Estratégico de TI.

## 2.4   Generar un Plan Estratégico de TI

Cabe mencionar que, un plan estratégico de TI debe contener las capacidades, competencias, habilitantes, procesos y su aporte de valor.

## 2.5   Análisis del FODA de TI

Para el análisis de la matriz FODA  se describen las fortalezas, oportunidades, debilidades y amenazas actuales del departamento de TI dentro de la Institución. Según (Thompson, 1998) *"el análisis FODA estima el efecto que una estrategia tiene para lograr un equilibrio o ajuste entre la capacidad interna de la organización y su situación externa, esto es, las oportunidades y amenazas".*

Con el propósito de efectuar el diagnóstico institucional cuantificable de la situación estratégica de la Institución se toma la metodología de (Ponce T, 2007, pág. 115), donde *"los factores fuertes en su conjunto fortalezas y debilidades, diagnostican la situación interna de una organización, así como su evaluación externa, es decir, las oportunidades y amenazas...".*

La metodología para evaluación de la situación interna es *"a) Asignar un peso entre 0.0 (no importante) hasta 1.0 (muy importante); el peso otorgado a cada factor expresa su importancia relativa, y el total de todos los pesos debe dar la suma de 1.0; b) Asignar una calificación entre 1 y 4, donde el 1 es irrelevante y el 4 se evalúa como muy importante; c) Efectuar la multiplicación del peso de cada factor para su calificación correspondiente para determinar una calificación ponderada de cada factor, ya sea fortaleza o debilidad, y d) Sumar las calificaciones ponderadas de cada factor para determinar el total ponderado de la organización en su conjunto.."* (Ponce T, 2007, pág. 118).

Mientras que la metodología  de evaluación externa difiere en *"el peso manifiesta la importancia considerada relativa que tiene cada factor, las oportunidades deben tener más peso que las amenazas, siendo necesario establecer que la suma de todas las oportunidades y las amenazas debe ser 1.0; c) Ponderar con una calificación de 1 a 4 cada uno de los factores considerados determinantes para el éxito con el propósito de evaluar si las estrategias actuales de la empresa son realmente eficaces; 4 es una respuesta considerada superior, 3 es superior a la media, 2 una respuesta de término medio y 1 una respuesta mala..."* (Ponce T, 2007, pág. 18). Al aplicar la metodología planteada, se analiza la situación actual de TIC.  Ver tabla Nro. 5.

Tabla 3. Ejemplo Plantilla de Evaluación FODA

| ÍTEM | FORTALEZAS | Peso | Calif. | Peso Ponderado |
|---|---|---|---|---|
| 1 | Existe conciencia y compromiso en la organización respecto a la incorporación de TIC a los procesos que agregan valor. | 0,06 | 4 | 0,24 |
| 2 | Factibilidad de adopción de Gobierno de TI. | 0,06 | 4 | 0,24 |
| 3 | El CIO cuenta con el apoyo de las demás áreas. | 0,05 | 4 | 0,2 |
| | Peso ponderado fortalezas | | | 0,68 |
| ÍTEM | DEBILIDADES | | | |
| 1 | Deficiencia de documentación, relacionada a procesos internos de TI. | 0,03 | 2 | 0,06 |
| 2 | Carencia de documentación técnica actualizada de los sistemas, base de conocimiento y repositorio centralizado, CMDB. | 0,03 | 2 | 0,06 |
| 3 | Falta de conocimiento e incumplimiento de procesos y funciones internas de TI. | 0,03 | 3 | 0,09 |
| 4 | Personal de jefatura realizando tareas operativas. | 0,03 | 2 | 0,09 |
| 5 | Falta de capacitación interna. | 0,02 | 2 | 0,04 |
| 6 | Falta de conocimiento de gestión administrativa en mandos medios. | 0,02 | 2 | 0,04 |
| 7 | Carencia de mecanismos, herramientas de control contra fuga de información y ataques informáticos. | 0,04 | 3 | 0,12 |
| 8 | No existe una adecuada segregación de funciones entre el personal de TI. | 0,06 | 3 | 0,18 |
| 9 | Carencia de estándares. | 0,04 | 3 | 0,12 |

| | | | | |
|---|---|---|---|---|
| 10 | No se cuenta con una identificación de los eventos de riesgo tecnológicos. | 0,03 | 3 | 0,09 |
| 11 | Falta de apoyo a la mesa de ayuda. | 0,02 | 1 | 0,02 |
| 12 | Manejo no adecuado de proveedores (selección, contratos, SLA (palabra al glosario), soporte, permanencia en el tiempo). | 0,02 | 2 | 0,04 |
| 13 | Bajo nivel de conocimiento de herramientas y aplicaciones de software libre. | 0,02 | 1 | 0,02 |
| 14 | Las áreas operativas y de negocio no siguen las políticas y procedimientos de TI. | 0,04 | 3 | 0,12 |
| 15 | Definición de requerimientos deficientes y/o ambiguos; entregados sin un proceso adecuado. | 0,03 | 2 | 0,06 |
| 16 | Procesos y controles manuales que generan riesgo de errores humanos. | 0,05 | 3 | 0,15 |
| 17 | Compras de software sin consultar con TI. | 0,02 | 1 | 0,02 |
| 18 | Cultura general de la Institución "de la insistencia". | 0,02 | 2 | 0,04 |
| 19 | Plan Estratégico mejorable. | 0,04 | 3 | 0,12 |
| 20 | Políticas y procedimientos de seguridad de la información mejorables. | 0,04 | 3 | 0,12 |
| 21 | Rotación del personal de la institución. | 0,04 | 3 | 0,04 |
| 22 | Funcionarios operativos y del negocio asignados a proyectos sin un perfil adecuado. | 0,02 | 2 | 0,02 |
| 23 | Falta de regularización de licenciamiento de herramientas tecnológicas. | 0,02 | 1 | 0,04 |
| 24 | Limitaciones arquitectónicas del centro de procesamiento principal. | 0,02 | 2 | 0,06 |

| ÍTEM | | | | |
|---|---|---|---|---|
| 25 | No se cuenta con un centro alterno de datos. | 0,02 | 3 | 0.06 |
| 26 | No existe distribución equitativa de tareas al personal. | 0,03 | 2 | 0,06 |
| 27 | Dependencia del personal de la institución, hacia el área de sistemas para tareas netamente operativas. | 0,02 | 1 | 0,02 |
| 28 | Vulnerabilidades en las plataformas tecnológicas del mercado. | 0,03 | 3 | 0,09 |
| | Peso | 1 | | |
| | Peso ponderado debilidades | | | 2,05 |
| **ÍTEM** | **OPORTUNIDADES** | | | |
| 1 | Adopción de herramientas libres, con el objetivo de gestionar los procesos internos. | 0,02 | 2 | 0,4 |
| 2 | Diversidad de plataformas tecnológicas disponibles en el mercado. | 0,22 | 2 | 0,44 |
| 3 | Contratación de nuevo personal, que generen nuevas ideas y conocimiento. | 0,2 | 2 | 0,4 |
| | Peso ponderado oportunidades | | | 1,24 |
| **ÍTEM** | **AMENAZAS** | | | |
| 1 | Abundantes exigencias por normativas de entidades de control. | 0,19 | 4 | 0,75 |
| 2 | Normativas y acuerdos cambiantes. | 0,19 | 4 | 0,75 |
| | Peso | 1 | | |
| | Peso ponderado amenazas | | | 1,52 |

A continuación en la tabla Nro. 6 se resumen los resultados del análisis efectuado en la tabla Nro.5.

Tabla 4. Ejemplo resultado análisis FODA

| FODA | Peso ponderado | |
|---|---|---|
| Factores Internos | Fortalezas | Debilidades |
| | 0,68 | 2,05 |
| Factores Externos | Oportunidades | Amenazas |
| | 1,24 | 1,52 |

Tomado de (Ponce T, 2007)

Al analizar la tabla Nro. 6 del ejemplo planteado, se observa que las fuerzas internas de TI son desfavorables al cumplimiento de la Estrategia Institucional, debido al peso ponderado de 0,68 obtenido en relación a las fortalezas, mientras que las debilidades poseen un 2,05. Las amenazas alcanzan un 1,52 en relación al 1,24 obtenido en función de las oportunidades, es decir, no se aprovechan las oportunidades externas y evitan las amenazas, por lo tanto, se deben generar acciones de carácter estratégico que utilicen las oportunidades externas y minimicen las amenazas.

## 2.6   Análisis del Plan Operativo Anual de TI

El Plan Operativo Anual (POA) lista los programas y proyectos a realizarse en el transcurso del año, en base a la estrategia del departamento de TI.

De este modo, la estructura del POA debe evidenciar el portafolio de proyectos con el detalle los recursos, tiempos  y el presupuesto  asignado al departamento de TI.

A continuación se muestra una plantilla de ejemplo de un PAC (Plan Anual de Contratación). Ver Figura Nro. 7.

Tabla 5.  Ejemplo del Plan Anual de Contrataciones

| CÓDIGO | RESPONSABLE | PROYECTOS | COSTO DEL PRODUCTO USD. | ENERO | FEBRERO | MARZO | ABRIL | MAYO | JUNIO | JULIO | AGOSTO | SEPTIEMBRE | OCTUBRE | NOVIEMBRE | DICIEMBRE |
|---|---|---|---|---|---|---|---|---|---|---|---|---|---|---|---|
| P1 | TECNOLOGÍAS DE INFORMACIÓN Y COMUNICACIÓN | SERVICIOS DE CONSULTORÍA DE HORAS TÉCNICAS DE PROGRAMACIÓN PARA DAR ATENCIÓN A LOS NUEVOS REQUERIMIENTOS Y/O CAMBIOS EN LAS APLICACIONES INFORMÁTICAS DE LA SECRETARÍA DE EDUCACIÓN SUPERIOR, CIENCIA, TECNOLOGÍA E INNOVACIÓN | 6xxxxx | - | - | - | 6xxxxx | 6xxxxx | 6xxxxx | 6xxxxx | 6xxxxx | 6xxxxx | 6xxxxx | 6xxxxx | 6xxxxx |
| P2 | TECNOLOGÍAS DE INFORMACIÓN Y COMUNICACIÓN | CONTRATACIÓN DE LOS SERVICIOS DE CONSULTORÍA DE HORAS TÉCNICAS DE SOPORTE Y CAPACITACIÓN PARA LA ADMINISTRACIÓN DE LAS TECNOLOGÍAS JBOSS Y SERVIDORES LINUX DEL DATA CENTER DE LA SECRETARÍA DE EDUCACIÓN SUPERIOR, CIENCIA, TECNOLOGÍA E INNOVACIÓN. | 20xxxx | - | - | 20xxxx | - | - | - | - | - | - | - | - | - |
| P3 | TECNOLOGÍAS DE INFORMACIÓN Y COMUNICACIÓN | ADQUISICION EQUIPOS DE COMPUTO PARA LA INSTITUCION | 5xxxxx | - | - | - | 5xxxxx | - | 5xxxxx | - | 5xxxxx | - | 5xxxxx | - | - |
| P4 | TECNOLOGÍAS DE INFORMA | RENOVACIÓN DE LICENCIAMIENTO MICROSOFT PARA SERVIDORES DE LA SECRETARÍA DE EDUCACIÓN | 12xxxx | - | - | 12xxxx | - | - | - | - | - | - | - | - | - |

| | | | | | | | | | | | | | | | |
|---|---|---|---|---|---|---|---|---|---|---|---|---|---|---|---|
| | CIÓN Y COMUNIC ACIÓN | SUPERIOR, CIENCIA, TECNOLOGÍA E INNOVACIÓN | | | | | | | | | | | | | |
| P5 | TECNOLO GÍAS DE INFORMA CIÓN Y COMUNIC ACIÓN | RENOVACIÓN DE LICENCIAMIENTO DEL SISTEMA ANTISPAM INSTALADO EN LOS SERVIDORES DE LA SECRETARÍA DE EDUCACIÓN SUPERIOR, CIENCIA, TECNOLOGÍA E INNOVACIÓN | 15xxxx | - | - | - | 15xxxx | - | - | - | - | - | - | - | - |
| P6 | TECNOLO GÍAS DE INFORMA CIÓN Y COMUNIC ACIÓN | ADQUISICIÓN DE HORAS DE CONSULTORÍA PARA EL SOPORTE PREVENTIVO Y CORRECTIVO ESPECIALIZADO PARA LAS BASES DE DATOS ORACLE DE LA SECRETARÍA DE EDUCACIÓN SUPERIOR, CIENCIA, TECNOLOGÍA E INNOVACIÓN Y DEL SISTEMA NACIONAL DE NIVELACIÓN Y ADMISIÓN - SNNA. | 9xxxxx | - | - | - | 9xxxxx | 9xxxxx | 9xxxxx | 9xxxxx | 9xxxxx | 9xxxxx | 9xxxxx | 9xxxxx | 9xxxxx |
| P7 | TECNOLO GÍAS DE INFORMA CIÓN Y COMUNIC ACIÓN | RENOVACIÓN DE LICENCIAMIENTO DE LA LIBRERÍA DE BACKUPS LTO6 PARA EL DATA CENTER INSTITUCIONAL DE LA SECRETARÍA DE EDUCACIÓN SUPERIOR, CIENCIA, TECNOLOGÍA E INNOVACIÓN | 8xxxxx | - | - | - | - | - | 8xxxxx | - | - | - | - | - | - |
| P8 | TECNOLO GÍAS DE INFORMA CIÓN Y COMUNIC ACIÓN | RENOVACIÓN DE LICENCIAMIENTO DE ANTIVIRUS | 16xxxx | - | - | - | 16xxxx | - | - | - | - | - | - | - | - |

| P9 | TECNOLO GÍAS DE INFORMA CIÓN Y COMUNIC ACIÓN | ADQUISICIÓN E IMPLEMENTACIÓN DE SERVIDOR BLADE PARA LA SECRETARÍA DE EDUCACIÓN SUPERIOR CIENCIA TECNOLOGÍA E INNOVACIÓN | 2xxxxx | - | - | - | 2xx xxx | - | 2xx xxx | - | - | - | - | - | - |
|---|---|---|---|---|---|---|---|---|---|---|---|---|---|---|---|

Tomado de   Dirección de Tecnologías de la Información, 2016

Es recomendable  analizar el POA, a más de efectuar un análisis de costos, sin embargo por motivos de ejemplo se realiza un análisis de barras resumen, usados en TI. Esta tabla contiene datos de análisis efectuado en una corporación pública, la cual contien la columna "costo del producto" ordenada de mayor a menor valor,. Ver tabla Nro. 8.

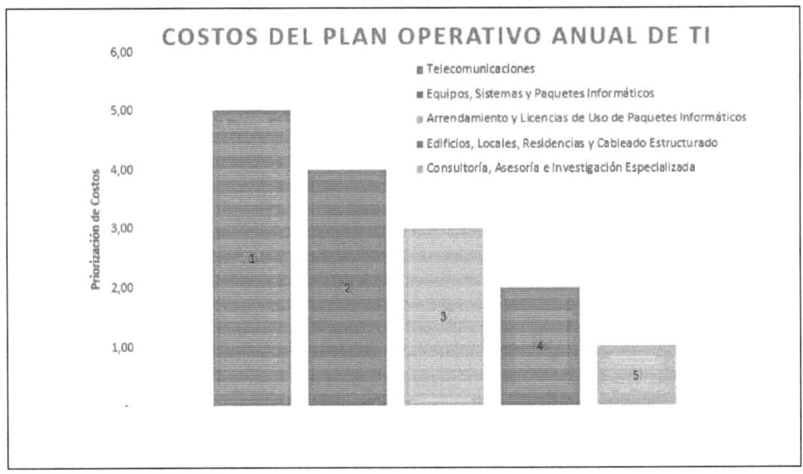


Figura 6. Análisis de Costos del Plan Operativo Anual de TI

Como resultado del ejemplo tomado del sector de Educación, se verifica que la tabla Nro. 8,  con el Programa de Telecomunicaciones representa el gasto más alto; por consiguiente, cuando la dirección de TI optimice los costos de este programa se contará con dinero para otros proyectos relevantes para la empresa.

Es recomendable generar documentos estratégicos separados tanto para el PAC (Plan Anual de Contratación) como para el POA (Plan Operativo Anual). Una vez analizada la situación planteada del Departamento de TIC, perteneciente a una corporación pública, se procede a identificar las metas y estrategias de TI.

## 2.7   Identificar las metas y estrategias de TI

Con el propósito de identificar las metas y estrategias e iniciativas de TIC, se debe analizar el PETI (Plan Estratégico Tecnologías de la Información)   a fin de, tomar decisiones apropiadas sobre los recursos, iniciativas y proyectos.

Al analizar el PETI se puede constar que no se encuentra actualizado ni aprobado en su totalidad, por tal motivo se propone aplicar el marco de referencia de COBIT 5.

Debido a que, el marco de referencia COBIT 5 aplica la cascada de metas y estrategias de TI en función de *"traducir las prioridades estratégicas a 'ponderaciones' o importancia para cada objetivo de la empresa, a más de validar las relaciones de la cascada de metas corporativas, teniendo en cuenta su entorno específico, industria, etc."* (ISACA, 2012, pág. 20).

De este modo, a continuación se analiza la factibilidad de alinear los objetivos de la institución y las metas de TI.

## 2.8   Alineamiento de las metas de TI con los objetivos del Negocio

Para comenzar con el análisis, cabe mencionar que las metas empresariales son soportadas o se pueden traducir en objetivos relacionados con TI. Según   (ISACA, 2012, pág. 20) *"...la Cascada de Metas es importante porque permite la definición de prioridades de implementación, mejora y aseguramiento del gobierno de TI de la empresa, que se basa en metas corporativas (estratégicas) de la empresa y el riesgo relacionado..."*; bajo esta premisa, se traducen los objetivos estratégicos  a 'ponderaciones' o importancia en función de la cascada de metas corporativas. Ver tabla Nro. 8

Tabla 6. Clasificación de Prioridad

| Descripción | Nomenclatura | Valor |
|---|---|---|
| Principal | P | 5 |
| Secundaria | S | 1 |

Por esta razón, en la tabla Nro. 9 se efectúa el alineamiento de las 17 metas corporativas de COBIT 5, con los Objetivos Estratégicos del Negocio, como ejemplo, el alineamiento se efectúa en función de la clasificación de prioridad de la tabla Nro.8.

Tabla 7. Ejemplo de Mapeo de las Metas Corporativas de COBIT 5 con los Objetivos Estratégicos del Negocio.

| Objetivos Estratégicos Institucionales | Estrategias Institucionales | Metas Corporativas COBIT 5 | Clasificación |
|---|---|---|---|
| Incrementar la diversificación y cobertura de la oferta académica de la Educación Superior orientada a las necesidades de | Generar y promover la diversificación de la oferta académica pertinente con las Instituciones de Educación Superior. | Valor de los interesados de las inversiones del negocio. | P |
| | Ampliar la cobertura de la oferta académica, junto con las instituciones de Educación Superior. | Toma de decisiones estratégicas basadas en la información. | P |
| | Armonizar las mallas curriculares con las instituciones de Educación Superior. | Cumplimiento con leyes externas y regulaciones. | P |
| | Facilitar el acercamiento entre Instituciones de Educación Superior, el sector productivo, las instituciones públicas para asegurar la pertinencia de carreras ofertadas | Productividad operacional y del personal | S |
| | | Optimización de la funcionalidad de los procesos de negocio | P |

| | | | |
|---|---|---|---|
| los sectores prioritarios. | Generar escenarios de política pública que contribuyan a la reorientación de los modelos de enseñanza y aprendizaje en el Sistema de Educación Superior. | Cultura de servicio orientada al cliente | P |
| | | Respuestas ágiles a un ambiente de negocio cambiante | P |
| | Consolidar y gestionar la información del Sistema de Educación Superior. | Riesgos del negocio administrados (protección de los activos) | P |
| Reducir las brechas en el acceso de los bachilleres aspirantes al ingreso de la Educación Superior, bajo principios de meritocracia e igualdad de oportunidades. | Difundir los procesos de admisión y nivelación, logrando así un acercamiento con las comunidades e incrementado la posibilidad para el acceso al Sistema de Educación Superior. | Valor de los interesados de las inversiones del negocio | P |
| | | Cumplimiento con leyes externas y regulaciones | P |
| | | Cumplimiento con políticas internas | S |
| | Monitorear, evaluar y mejorar los procesos de ingreso de los bachilleres al Sistema de Educación Superior. | Riesgos del negocio administrados (protección de los activos) | P |
| | | Toma de decisiones estratégicas basada en información | P |

| | | | |
|---|---|---|---|
| | | Optimización de los costos de entrega de servicios | S |
| | | Transparenci a financiera | S |
| | Fortalecer las competencias y conocimientos de los bachilleres aspirantes, según los requerimientos de las Instituciones de Educación Superior, para garantizar su permanencia y evitar la deserción en el Sistema de Educación Superior | Optimización de la funcionalidad de los procesos de negocio | P |
| Incrementar la calidad del talento humano especializado en áreas priorizadas de | Fortalecer el sistema nacional de becas y créditos para estudios de tercer y cuarto nivel en el país y en el extranjero. | Cumplimiento con las leyes externas y regulaciones | P |
| | | Cultura de servicio orientada al cliente | S |
| | Mejorar los mecanismos para la asignación progresiva de becas y | Riesgos del negocio administrados (protección de los activos) | P |
| | | Transparenci a financiera | S |
| | | Optimización de los costos | S |

| | | | |
|---|---|---|---|
| la investigación científica e innovación con criterios de progresividad | atención de grupos prioritarios | de entrega de servicios | |
| | | Productividad operacional y del personal | S |
| | | Gente hábil y motivada | S |
| | Elaborar e implementar acciones con el sector público y privado para la reinserción laboral de los becarios a su retorno. | Optimización de la funcionalidad de los procesos de negocio | P |
| | Ejecutar procesos para la vinculación de investigadores de alto nivel, nacionales y extranjeros, a programas y proyectos de investigación, innovación y fortalecimiento de las instituciones de educación superior e institutos públicos de investigación. | Gente hábil y motivada | S |
| | | Cultura de innovación de productos y del negocio. | S |
| Incrementar la infraestructura y equipamiento de apoyo para el desarrollo de la investigación científica, innovación y transferencia tecnológica; | Readecuar y fortalecer la infraestructura física y tecnológica de los institutos públicos de investigación e IES públicas, con el fin de mejorar su eficiencia y resultados de los procesos de investigación. | Continuidad y Disponibilidad de los servicios del negocio. | P |
| | | Cumplimiento con políticas internas. | S |
| | | Cultura de innovación de | P |

| | | productos y del negocio. | |
|---|---|---|---|
| además de los espacios relacionados entre la academia, estado y sector productivo | Fomentar e implementar convenios con instituciones internacionales para el fortalecimiento institucional, en los campos de ciencia, tecnología, educación superior, investigación e innovación. | Portafolio de productos y servicios competitivos. | P |
| | | Cultura de servicio orientada al cliente. | P |
| | Fortalecer la transferencia de conocimiento y redes de investigación priorizando los institutos públicos de investigación e IES públicas. | Optimización de la funcionalidad de los procesos de negocio. | P |
| | | Programas de cambio de negocio gestionados. | P |
| | | Cumplimiento con leyes externas y regulaciones | P |
| | | Valor de los interesados de las inversiones del negocio | P |

Una vez realizado el Mapeo de las Metas Corporativas de COBIT 5 en base a las Estrategias Institucionales que apoyan al cumplimiento de los Objetivos Estratégicos del negocio, se procede a mapear los objetivos estratégicos con los Objetivos Corporativos de COBIT 5. Ver tabla Nro. 10.

40

Tabla 8. Mapeo de los Objetivos Estratégicos con los Objetivos Corporativos de COBIT 5

| OBJETIVOS ESTRATÉGICOS | | Valor de los interesados de las inversiones del negocio | Portafolio de productos y servicios competitivos | Riesgos del negocio administrados (protección de los activos) | Cumplimiento con leyes externas y regulaciones | Transparencia financiera | Cultura de servicio orientada al cliente | Continuidad y Disponibilidad de los servicios del negocio | Respuestas ágiles a un ambiente de negocio cambiante | Toma de decisiones estratégica basada en información | Optimización de los costos de entrega de servicios | Optimización de la funcionalidad de los procesos de negocio | Optimización de los costos de los procesos de negocio | Programas de cambio de negocio gestionados | Productividad operacional y del personal | Cumplimiento con políticas internas | Gente hábil y motivada | Cultura de innovación de productos y del negocio |
|---|---|---|---|---|---|---|---|---|---|---|---|---|---|---|---|---|---|---|
| | | MC1 | MC2 | MC3 | MC4 | MC5 | MC6 | MC7 | MC8 | MC9 | MC10 | MC11 | MC12 | MC13 | MC14 | MC15 | MC16 | MC17 |
| OE1 | Incrementar la diversificación y cobertura de la oferta académica de la Educación Superior orientada a las necesidades de los sectores prioritarios. | P | | P | P | | P | | P | P | | P | | | S | | | |
| OE2 | Reducir las brechas en el acceso de los bachilleres aspirantes al ingreso a la Eduación Superior, bajo los principios de meritocracia e igualdad de oportunidades. | P | | P | P | S | | | | P | S | P | | | | S | | |
| OE3 | Incrementar la calidad del talento humano especializado en las áreas priorizadas de la investigación científica e innovación con criterios e progresividad | | | P | P | S | S | | | | S | P | | | S | | S | S |
| OE4 | Incrementar la infraestructura y equipamiento de apoyo para el desarrollo de la investigación científica, innovación y transferencia tecnológica, además de los espacios para relacionamiento entre la académia, estado y sector productivo. | P | P | | P | | P | P | | | | P | | P | | S | | |
| SUMA | | 15 | 5 | 15 | 20 | 2 | 11 | 5 | 5 | 10 | 2 | 20 | 0 | 5 | 2 | 2 | 1 | 1 |
| PESO | | 100 | 100 | 100 | 100 | 100 | 100 | 100 | 100 | 100 | 100 | 100 | 100 | 100 | 100 | 100 | 100 | 100 |
| PORCENTUAL | | 75 | 25 | 75 | 100 | 10 | 55 | 25 | 25 | 50 | 10 | 100 | 0 | 25 | 10 | 10 | 5 | 5 |
| SELECCIÓN | | X | | X | X | | X | | | X | | X | | | | | | |

Para obtener el valor de cada Meta Corporativa asignando con la abreviatura (MC) dentro de la tabla Nro. 10, se procede a detallar el resultado de alinear los Objetivos Estratégicos Institucionales y las Metas Corporativas de COBIT 5.

- MC1=(P+P+P)
- MC1=15
- MC2=P
- MC2=5

- MC3=(P+P+P)
- MC3=15

- MC4=(P+P+P+ P)
- MC4=20
- MC5=(S+S)
- MC5=2

- MC6=(P+S+P)
- MC6=11

- MC7=P
- MC7=5
- MC8=P
- MC8=5

- MC9=(P+P)
- MC9=10

- MC10=(S+S)
- MC10=2

- MC11=(P+P+P+ P)
- MC11=20
- MC12=0

- MC13=P
- MC13=5
- MC14=(S+ S)
- MC14=2
- MC15=(S+ S)
- MC15=2
- MC16=S
- MC16=1

- MC17=S
- MC17=1

La suma obtenida para cada MC, es obtenida a partir  las variables P y S según el peso asignado peso[2].

Una vez obtenido el resultado de la suman de todos los puntajes de las Metas Corporativas de COBIT 5 (MC), luego se procede a obtener el promedio ponderado, donde se asigna el un peso máximo de 100, cuando el total de los objetivos de estratégicos se cumplen para cada Meta Corporativa de COBIT 5, a fin de cuantificar los resultados obtenidos y proceder a seleccionar los objetivos estratégicos efectuamos una regla de tres simple, de la siguiente manera:

Suma Máxima para el ejercicio propuesto= 20

PORCENTUAL: (S1 * PESO) / 20

---

[2] La clasificación de pesos, se encuentra especificada en la tabla Nro.8

$$\text{Porcentual}_1 = \frac{15 * 100}{20}$$

$$\text{Porcentual}_2 = \frac{5 * 100}{20}$$

$$\text{Porcentual}_3 = \frac{15 * 100}{20}$$

$$\text{Porcentual}_4 = \frac{20 * 100}{20}$$

$$\text{Porcentual}_5 = \frac{2 * 100}{20}$$

$$\text{Porcentual}_6 = \frac{11 * 100}{20}$$

$$\text{Porcentual}_7 = \frac{5 * 100}{20}$$

$$\text{Porcentual}_8 = \frac{5 * 100}{20}$$

$$\text{Porcentual}_9 = \frac{10 * 100}{20}$$

$$\text{Porcentual}_{10} = \frac{2 * 100}{20}$$

$$\text{Porcentual}_{11} = \frac{20 * 100}{20}$$

$$\text{Porcentual}_{12} = \frac{0 * 100}{20}$$

$$\text{Porcentual}_{13} = \frac{5 * 100}{20}$$

$$\text{Porcentual}_{14} = \frac{2 * 100}{20}$$

$$\text{Porcentual}_{15} = \frac{2 * 100}{20}$$

$$\text{Porcentual}_{16} = \frac{1 * 100}{20}$$

$$\text{Porcentual}_{17} = \frac{1 * 100}{20}$$

El porcentual obtenido equivale al cumplimiento en relación a la totalidad de las Meta Corporativa (MC) planteadas, de este modo se procede a seleccionar las Metas Corporativas de COBIT 5 (MC), cuyo porcentual es mayor o igual almenos al 50%, de este modo se obtiene las siguientes MC:

1. Valor de las inversiones de los interesados del negocio.
2. Riesgos del negocio administrados (protección de los activos).
3. Cumplimiento con leyes externas y regulaciones.
4. Cultura del servicio orientada al cliente.
5. Toma de daciones estratégica basada en información.
6. Optimización de la funcionalidad de los procesos de negocio.

Una vez seleccionadas las 6 Metas Corporativas de COBIT 5 se procede a alinear con las 17 Metas de TI definidas en COBIT 5.

Tabla 9. Alineamiento Metas Corporativas y Metas de TI

Metas de TI (Alineamiento Estratégico de TI):

- MT1: Alineación entre TI y la estrategia de negocio
- MT2: Cumplimiento y soporte de TI para el cumplimiento del negocio con leyes y regulaciones externas
- MT3: Compromiso de la dirección ejecutiva para tomar decisiones relacionadas con TI
- MT4: Administración de los riesgos del negocio relacionados con TI
- MT5: Realización de beneficios provenientes del portafolio de inversiones y servicios habilitados por TI
- MT6: Transparencia de costos, beneficios y riesgos de TI
- MT7: Entrega de servicios de TI en línea con los requerimientos del negocio
- MT8: Adecuado uso de aplicaciones, información y soluciones de tecnología
- MT9: Agilidad de TI
- MT10: Seguridad de información, infraestructura de procesamiento y aplicaciones
- MT11: Optimización de activos, recursos y capacidades de TI
- MT12: Habilitación y soporte de procesos de negocio a través de la integración de aplicaciones y tecnología dentro de los procesos de negocio
- MT13: Entrega de programas que generan beneficios, a tiempo, dentro del presupuesto, y alcanzando los requerimientos y estándares de calidad
- MT14: Disponibilidad de información confiable y útil para la toma de decisiones
- MT15: Cumplimiento de TI con políticas internas
- MT16: Personal de negocio y de TI competente y motivado
- MT17: Conocimiento, pericia e iniciativas para la innovación del negocio

| METAS CORPORATIVAS | MT1 | MT2 | MT3 | MT4 | MT5 | MT6 | MT7 | MT8 | MT9 | MT10 | MT11 | MT12 | MT13 | MT14 | MT15 | MT16 | MT17 |
|---|---|---|---|---|---|---|---|---|---|---|---|---|---|---|---|---|---|
| MC1 Valor de los interesados de las inversiones del negocio | P |  | P |  | P | S | P | S | S |  | P | S | P | S |  | S | S |
| MC3 Riesgos del negocio administrados (protección de los activos) | S | S | S | P |  | S | S | S | S | P |  | S | S | S | S | P |  |
| MC4 Cumplimiento con leyes externas y regulaciones |  | P |  | S |  |  | S |  |  | P |  |  |  | S | S |  |  |
| MC6 Cultura de servicio orientada al cliente | P |  |  |  | S |  | P | S | S |  |  | S | S |  |  | S | S |
| MC9 Toma de decisiones estratégica basada en información | P |  | S |  |  | S | S | S |  |  |  |  |  | P |  |  | S |
| MC11 Optimización de la funcionalidad de los procesos de negocio | P |  | S |  | S |  | P | P | P |  | S | P |  | S |  |  | S |
| SUMA | 26 | 6 | 8 | 7 | 8 | 3 | 19 | 10 | 8 | 10 | 7 | 8 | 12 | 10 | 2 | 7 | 4 |
| PESO | 100 | 100 | 100 | 100 | 100 | 100 | 100 | 100 | 100 | 100 | 100 | 100 | 100 | 100 | 100 | 100 | 100 |
| PORCENTUAL | 87 | 20 | 27 | 23 | 27 | 10 | 63 | 33 | 27 | 33 | 23 | 27 | 40 | 33 | 7 | 23 | 13 |
| SELECCIÓN | X |  |  |  |  |  | X | X |  | X |  |  | X | X |  |  |  |

Para obtener el puntaje de cada Meta de TI asignando con la abreviatura (MT) dentro de la tabla Nro. 11, se procede a detallar los valores obtenidos al alinear las Metas Corporativas con las 17 Metas de TI de COBIT 5.

- MT1=(P+S+P+P+P+P)
- MT1=26

- MT2=S+P
- MT2=6

- MT3=(P+S+S+S)
- MT3=8
- MT4=(P+S+S)
- MT4=7

- MT5=(P+S+S+S)
- MT5=8
- MT6=(S+S+S)
- MT6=3

- MT7=(P+S+S+P+S+S+P)
- MT7=19

- MT8=(S+S+S+S+S+P)
- MT8=10
- MT9=(S+S+S+P)
- MT9=8
- MT10=(P+P)
- MT10=10
- MT11=(P+S+S)
- MT11=7

- MT12=(S+S+S+P)
- MT12=8

- MT13=(P+S+S+P)
- MT13=12

- MT14=(S+S+S+S+P+S)
- MT14=10
- MT15=(S+S)
- MT15=2

- MT16=(S+P+S)
- MT16=7

- MT17=(S+S+S+S)
- MT17=4

La suma obtenida para cada MC, es obtenida a partir  las variables P y S según el peso asignado peso[3].

Una vez obtenido el resultado de la suman de todos los puntajes de las Metas Corporativas de COBIT 5 (MC), luego se procede a obtener el promedio ponderado, donde se asigna el un peso máximo de 100, cuando el total de los objetivos de estratégicos se cumplen para cada Meta Corporativa de COBIT 5, a fin de cuantificar los resultados obtenidos y proceder a seleccionar los objetivos estratégicos efectuamos una regla de tres simple, de la siguiente manera:

Suma Máxima para el ejercicio propuesto= 30

---

[3] La clasificación de pesos, se encuentra especificada en la tabla Nro.8

$$
\begin{aligned}
\text{Porcentual} &= 1 & 26*100\,/\,30 \\
\text{Porcentual} &= 2 & 6*100\,/\,30 \\
\text{Porcentual} &= 3 & 8*100\,/\,30 \\
\text{Porcentual} &= 4 & 7*100\,/\,30 \\
\text{Porcentual} &= 5 & 8*100\,/\,30 \\
\text{Porcentual} &= 6 & 3*100\,/\,30 \\
\text{Porcentual} &= 7 & 19*100\,/\,30 \\
\text{Porcentual} &= 8 & 10*100\,/\,30 \\
\text{Porcentual} &= 9 & 8*100\,/\,30 \\
\text{Porcentual} &= 10 & 10*100\,/\,30 \\
\text{Porcentual} &= 11 & 7*100\,/\,30 \\
\text{Porcentual} &= 12 & 8*100\,/\,30 \\
\text{Porcentual} &= 13 & 12*100\,/\,30 \\
\text{Porcentual} &= 14 & 10*100\,/\,30 \\
\text{Porcentual} &= 15 & 2*100\,/\,30 \\
\text{Porcentual} &= 16 & 7*100\,/\,30 \\
\text{Porcentual} &= 17 & 4*100\,/\,30
\end{aligned}
$$

Luego se procede a seleccionar las metas de TI de COBIT 5 según la clasificación de su importancia cuyo puntaje mayor sea mayor al promedio; las cuales son:

1. Alineación entre TI y la estrategia de negocio
2. Entrega de servicios de TI en línea con los requerimientos del negocio
3. Adecuado uso de aplicaciones, información y soluciones de tecnología
4. Seguridad de información, infraestructura de procesamiento y aplicaciones Cumplimiento con leyes externas y regulaciones.
5. Entrega de programas que generan beneficios, a tiempo, dentro del presupuesto, y alcanzando los requerimientos y estándares de calidad
6. Disponibilidad de información confiable y útil para la toma de decisiones

Una vez identificadas las metas de TIC que apoyan el cumplimiento de los Objetivos de la Institución, se procede a generar la herramienta Balanced Scorecard, a fin de alinear estrategia de TI con la corporativa.

## 2.9 Balanced Scorecard de TI (BSC)

Según (Alvares, M. y Chavez, M., 2016) *"El BSC tiene como objetivo fundamental convertir la estrategia de una empresa en acción y resultados a través de la alineación de los objetivos de las perspectivas".*

Las 4 perspectivas de negocio seleccionadas a partir del caso pr son: Financiera, Clientes, Procesos Internos, Formación y Crecimiento, ahora bien, estas categorías abarcan todos los procesos necesarios para el correcto funcionamiento de una empresa, inclusive su análisis debe ser considerado en la definición de los indicadores (Upmball, 2016). A partir del alineamiento estratégico obtenido en la tabla Nro. 11 "Alineamiento Metas Corporativas y Metas de TI", se evalúan los 37 procesos de COBIT 5, relacionados a las 6 metas de TI seleccionadas a partir del caso práctico desarrollado a lo largo de este capítulo. Ver tabla Nro. 12.

A continuación se desarrolla el ejercicio del BSC como resultado del análisis obtenido a partir del alineamiento de las Metas Corporativas y Metas de TI, donde se obtuvo como resultado las siguientes metas:

- Alineación entre TI y la estrategia de negocio (1)
- Entrega de servicios de TI en línea con los requerimientos del negocio (7)
- Adecuado uso de aplicaciones, información y soluciones de tecnología (8)
- Seguridad de información, infraestructura de procesamiento y aplicaciones (10)

- Entrega de programas que generan beneficios, a tiempo, dentro del presupuesto, y alcanzando los requerimientos y estándares de calidad (13)
- Disponibilidad de información confiable y útil para la toma de decisiones (14)

| PROCESOS COBIT | | METAS DE TI SELECCIONADAS A PARTIR DEL ALINEAMIENTO | | | | | | | | | |
| | | Financiera | Cliente | | Interna | | | | | | |
| | | 1 | 7 | 8 | 10 | 13 | 14 | PUNTAJE | PESO | PORCENTUAL | SELECCIÓN |
| **Gobierno** | | | | | | | | | | | |
| **Evaluar, Dirigir and Monitorear** | | | | | | | | | | | |
| P1 | EDM01 Asegurar el establecimiento y mantenimiento de un marco de trabajo de Gobierno | P | P | | S | S | S | 13 | 100 | 43 | X |
| P2 | EDM02 Asegurar la entrega de beneficios | P | P | S | | S | S | 13 | 100 | 43 | X |
| P3 | EDM03 Asegurar la optimización de riesgos | S | S | S | P | S | S | 10 | 100 | 33 | X |
| P4 | EDM04 Asegurar la optimización de recursos | S | S | S | | S | | 4 | 100 | 13 | |
| P5 | EDM05 Asegurar la transparencia de los interesados | S | P | | | S | S | 8 | 100 | 27 | |
| **Administración** | | | | | | | | | | | |
| **Alinear, Planear and Organizar** | | 1 | 7 | 8 | 10 | 13 | 14 | | | | |
| P6 | APO01 Gestionar el marco de trabajo de Administración de TI | P | S | | S | S | S | 9 | 100 | 30 | |
| P7 | APO02 Gestionar la Estrategia | P | P | S | | S | S | 13 | 100 | 43 | X |
| P8 | APO03 Gestionar la Arquitectura Empresarial | P | S | S | S | | S | 9 | 100 | 30 | |
| P9 | APO04 Gestionar la Innovación | S | | P | | | S | 7 | 100 | 23 | |
| P10 | APO05 Gestionar el Portafolio | P | S | S | | P | | 12 | 100 | 40 | X |
| P11 | APO06 Gestionar el Presupuesto y los Costos | S | S | S | | S | | 4 | 100 | 13 | |
| P12 | APO07 Gestionar los Recursos Humanos | P | S | | S | P | | 12 | 100 | 40 | X |
| P13 | APO08 Gestionar las Relaciones | P | P | S | | S | | 12 | 100 | 40 | X |
| P14 | APO09 Gestionar los Acuerdos de Servicios | S | P | S | S | S | P | 14 | 100 | 47 | X |
| P15 | APO10 Gestionar los Proveedores | | P | S | S | S | S | 9 | 100 | 30 | |
| P16 | APO11 Gestionar la Calidad | S | P | S | | P | S | 13 | 100 | 43 | X |
| P17 | APO12 Gestionar los Riesgos | | S | S | P | P | S | 13 | 100 | 43 | X |
| P18 | APO13 Gestionar la Seguridad | | S | S | P | | P | 12 | 100 | 40 | X |
| **Construir, Adquirir y Operar** | | 1 | 7 | 8 | 10 | 13 | 14 | | | | |
| P19 | BAI01 Gestionar Programas y Proyectos | P | S | S | | P | | 12 | 100 | 40 | X |
| P20 | BAI02 Gestionar la Definición de Requerimientos | P | P | S | S | S | S | 14 | 100 | 47 | X |
| P21 | BAI03 Gestionar la Identificación y Construcción de Soluciones | S | P | S | | S | S | 9 | 100 | 30 | |
| P22 | BAI04 Gestionar la Disponibilidad y Capacidad | | P | S | | S | P | 12 | 100 | 40 | X |
| P23 | BAI05 Gestionar la Habilitación del Cambio Organizacional | S | S | P | | P | | 12 | 100 | 40 | X |
| P24 | BAI06 Gestionar los Cambios | | P | S | P | S | S | 13 | 100 | 43 | X |
| P25 | BAI07 Gestionar la Aceptación y Transición del Cambio | | S | P | | S | S | 8 | 100 | 27 | |
| P26 | BAI08 Gestionar el Conocimiento | S | S | S | S | | S | 5 | 100 | 17 | |
| P27 | BAI09 Gestionar los Activos | | S | | S | | S | 3 | 100 | 10 | |
| P28 | BAI10 Gestionar la Configuración | | | S | S | | P | 7 | 100 | 23 | |
| **Entregar Servicio y Soporte** | | 1 | 7 | 8 | 10 | 13 | 14 | | | | |

| | | 1 | 7 | 8 | 10 | 13 | 14 | | | | |
|---|---|---|---|---|---|---|---|---|---|---|---|
| P29 | DSS01 Gestionar las Operaciones | | P | S | S | | S | 8 | 100 | 27 | |
| P30 | DSS02 Gestionar las Solicitudes de Servicio e Incidentes | | P | S | S | | S | 8 | 100 | 27 | |
| P31 | DSS03 Gestionar los Problemas | | P | S | | | P | 11 | 100 | 37 | X |
| P32 | DSS04 Gestionar la Continuidad | S | P | S | S | | P | 13 | 100 | 43 | X |
| P33 | DSS05 Gestionar los Servicios de Seguridad | S | S | S | P | | S | 9 | 100 | 30 | |
| P34 | DSS06 Gestionar los Controles de Procesos del Negocio | | P | S | S | | S | 8 | 100 | 27 | |
| | **Monitorear, Evaluar y Valorar** | 1 | 7 | 8 | 10 | 13 | 14 | | | | |
| P35 | MEA01 Monitorear, Evaluar y Valorar el Desempeño y Conformidad | S | P | S | S | S | S | 10 | 100 | 33 | X |
| P36 | MEA02 Monitorear, Evaluar y Valorar el Sistema de Control Interno | | S | S | S | | S | 4 | 100 | 13 | |
| P37 | MEA03 Monitorear, Evaluar y Valorar el Cumplimiento con Requerimientos Externos | | S | | S | | | 2 | 100 | 7 | |

Para obtener el puntaje de cada proceso asignando con la abreviatura (P) dentro de la tabla Nro. 12 se procede  a detallar los valores obtenidos al alinear con las 17 Metas de TI de COBIT 5.

Para poder obtener el porcentual, se procede a obtener el promedio ponderado, donde se asigna el un peso máximo de 100, cuando el total de los objetivos de estratégicos se cumplen para cada Meta Corporativa de COBIT 5, a fin de cuantificar los resultados obtenidos y proceder a seleccionar los objetivos estratégicos  efectuamos una regla de tres simple, de la siguiente manera, como resultado obtenemos la siguiente operación:

Suma Máxima para el ejercicio propuesto= 30

$P1=(43*100)/30$      $P21=(30*100)/30$

$P2=(43*100)/30$      $P22=(40*100)/30$

$P3=(33*100)/30$      $P23=(40*100)/30$

$P4=(13*100)/30$      $P24=(43*100)/30$

$P5=(27*100)/30$      $P25=(27*100)/30$

$P6=(30*100)/30$      $P26=(17*100)/30$

$P7=(43*100)/30$      $P27=(10*100)/30$

$P8=(30*100)/30$      $P28=(23*100)/30$

$P9=(23*100)/30$      $P29=(27*100)/30$

$P10=(40*100)/30$      $P30=(27*100)/30$

$P11=(13*100)/30$      $P31=(37*100)/30$

$P12=(40*100)/30$      $P32=(43*100)/30$

$P13=(40*100)/30$      $P33=(30*100)/30$

$P14=(47*100)/30$      $P34=(27*100)/30$

$P15=(30*100)/30$      $P35=(33*100)/30$

$P16=(43*100)/30$      $P36=(13*100)/30$

$P17=(43*100)/30$      $P37=(7*100)/30$

$P18=(40*100)/30$

$P19=(40*100)/30$

$P20=(47*100)/30$

Luego se procede a seleccionar los procesos de TI de COBIT 5 según la clasificación de su importancia cuyo puntaje sea mayor al promedio; los cuales son:

1. EDM01 Asegurar el establecimiento y mantenimiento de un marco de trabajo de Gobierno.
2. EDM02 Asegurar la entrega de beneficios
3. EDM03 Asegurar la optimización de riesgos
4. APO02 Gestionar la Estrategia
5. APO05 Gestionar el Portafolio
6. APO07 Gestionar los Recursos Humanos
7. APO08 Gestionar las Relaciones
8. APO09 Gestionar los Acuerdos de Servicios
9. APO11 Gestionar la Calidad
10. APO12 Gestionar los Riesgos
11. APO13 Gestionar la Seguridad
12. BAI01 Gestionar Programas y Proyectos
13. BAI02 Gestionar la Definición de Requerimientos
14. BAI04 Gestionar la Disponibilidad y Capacidad
15. BAI05 Gestionar la Habilitación del Cambio Organizacional
16. BAI06 Gestionar los Cambios
17. DSS03 Gestionar los Problemas
18. DSS04 Gestionar la Continuidad
19. MEA01 Monitorear, Evaluar y Valorar el Desempeño y Conformidad

Como resultado podemos observar que los procesos APO09 Gestionar los Acuerdos de Servicio y BAI02 Gestionar la definición de requerimientos obtuvieron un puntaje de 14 siendo este el mayor puntaje.

# 3. CAPÍTULO III – GAP ANÁLISIS Y PROPUESTA DEL MODELO DE GOBIERNO DE TI.

## 3.1 Diagnóstico de los 7 catalizadores de COBIT 5 respecto a las Organizaciones

A fin de evaluar el nivel de madurez del catalizador por cada una de las dimensiones que posee según el marco de referencia COBIT 5; se establece una metodología de asignación de pesos relacionados a la relevancia de cada dimensión, dentro del catalizador evaluado.

Por esta razón, para medir el estado de los catalizadores para cada una de sus dimensiones, donde se elaboraran preguntas comunes al entorno de negocio que deben ser consideradas por TI para la evaluación, cada pregunta es evaluada según el parámetro de clasificación propuesto; el cual muestra el porcentaje de logro alcanzado según el criterio establecido en la tabla Nro. 13.

Tabla 11. Clasificación de madurez del Catalizador

| CLASIFICACIÓN | PORCENTAJE DE LOGRO | CRITERIO |
|---|---|---|
| ALTO | 100% | Hay evidencia del logro alcanzado, no existen puntos débiles significativos. |
| MEDIO | 75% | Hay un logro significativo. Hay ciertos puntos débiles relacionados a la pregunta evaluada. |
| | 25% - 50% | Hay alguna evidencia y algunos logros. Algunos aspectos pueden ser impredecibles. |
| BAJO | 0% | No existe evidencia del cumplimiento. |

Una vez definida la metodología de evaluación de los catalizadores, se procede a diagnosticar la situación actual de los 7 catalizadores de COBIT 5 respecto a la institución.

### 3.1.1 Catalizador 1: Principios, Políticas y Marcos de Referencia

Este catalizador determina las directrices tanto a nivel de gobierno y gestión.

### 3.1.1.1 Dimensión 1: Partes interesadas

Se procede a identificar las partes interesadas internas, tales como:

- Direcciones y Coordinaciones Internas.

Se procede a identificar las partes interesadas externas:

- Entes de Control.
- Proveedores.
- Ciudadanos.
- Clientes

Luego de haber identificado las partes internas y externas se establecen las métricas detalladas en la plantilla de evaluación ejemplo, ver tabla Nro. 14.

Tabla 12. Métricas Partes Interesadas Políticas Principios, Marcos de Referencia

| Ítem. | Aspectos a Evaluar | Cumple | Clasif. | Valor |
|---|---|---|---|---|
| 1 | Se da cumplimiento a las regulaciones establecidas por los entes de control. | SI | MEDIO | 50% |
| 2 | El área de TIC, cuenta con marcos de referencia que permitan la adecuada gestión y gobierno. | SI | MEDIO | 50% |
| 3 | Existe un Comité de Seguridad de la Información, para la gestión de | NO | BAJO | 0% |

| | | | | |
|---|---|---|---|---|
| | políticas, principios y definición de riesgos | | | |
| 4 | El área de TIC, ha implementado las regulaciones externas, definidas por entes de control, con el objetivo de mantener el control de la información. | SI | MEDIO | 50% |
| Pe so | 25%                    PROMEDIO: | 37.5% | | |

Se debe evidenciar con documentación e información oficial, la cual se relaciones con los valores definidos en la tabla Nro. 14 para cada ítem.

- Ejemplo Ítem 1, Ítem 2, Ítem 3

Al analizar la dimensión partes interesadas para este caso se obtiene un 37.5% de cumplimiento. El valor obtenido muestra que el Área de TI no cubre las necesidades institucionales en esta dimensión, de este modo se cuantifica el estado del departamento de TI

## 1.6.1.1    Dimensión 2: Metas

Para el análisis de la dimensión Metas se generan las siguientes métricas.

Tabla 13. Métricas Metas Principios, Políticas y Marcos de Referencia

| Íte m. | Aspectos a Evaluar | Cumpl e | Clasif. | Val or |
|---|---|---|---|---|
| 1 | Los principios están redactados en lenguaje sencillo | SI | MEDIO | 75% |
| 2 | Las políticas son accesibles | SI | MEDIO | 50% |
| 3 | Se actualizan las políticas y se difunden los cambios efectuados. | SI | MEDIO | 50% |

| 4 | Los marcos de referencia adoptados por la institución se encuentran disponibles y accesibles. | NO | BAJO | 0% |
|---|---|---|---|---|
| Peso | 15% PROMEDIO: | 43.75% | | |

Se evidencia la información correspondiente a la tabla Nro. 15 para cada ítem.

- Ejemplo Ítem 1, Ítem 2, Ítem 3

La dimensión Metas  alcanza un 43.75% de cumplimiento, por consiguiente se recomienda la adopción de marcos de referencia que faciliten la administración y gestión de la Organización.

## 1.6.1.2    Dimensión 3: Ciclo de Vida

Para el análisis de la dimensión Ciclo de Vida se generan las siguientes métricas, a manera de ejemplo, de este modo se procede a generar las métricas relacionadas a las métricas evaluadas.

Tabla 14. Métricas Ciclo de Vida Principios, Políticas y Marcos de Referencia

| Ítem. | Aspectos a Evaluar | Cumple | Clasif. | Valor |
|---|---|---|---|---|
| 1 | Se han diseñado mecanismos que garantizan la difusión y socialización de principios, políticas y marcos de referencia. | SI | MEDIO | 25% |
| 2 | Se actualizan o eliminan las políticas, principios, marcos de referencia según su aplicabilidad. | SI | BAJO | 25% |
| 3 | Se evalúan y monitorea oportunamente el cumplimiento de las políticas y marcos de trabajo, al personal. | SI | MEDIO | 50% |

| Pes o | 20% | PROMEDIO: | 33.33% |
|---|---|---|---|

Se evidencia la información correspondiente a la tabla Nro. 16 para cada ítem.

- Ejemplo Ítem 1, Ítem 2, Ítem 3

Al efectuar el análisis de la dimensión ciclo de vida se obtiene un 33.33% de cumplimiento. De esta forma es recomendable incorporar políticas internas, estándares y directrices que apoyen la consecución de las metas organizacionales, además de la adopción de marcos de referencia.

### 1.6.1.3    Dimensión 4: Buenas Prácticas

Para el análisis de la dimensión Ciclo de Vida se genera las siguientes métricas.

Tabla 15. Métricas Buenas Prácticas Principios, Políticas y Marcos de Referencia

| Ítem. | Aspectos a Evaluar | Cumple | Clasif | Valor |
|---|---|---|---|---|
| 1 | Todas las políticas tienen establecido su alcance y validez | SI | MEDIO | 50% |
| 2 | Se efectúan prácticas de aceptación de los riesgos a causa del no cumplimiento de las políticas. | SI | MEDIO | 50% |
| 3 | Se aplican buenas prácticas | SI | BAJO | 25% |
| Peso | 40% | PROMEDIO: | 41.66% | |

Se evidencia la información correspondiente a la tabla Nro. 17 para cada ítem.

- Ejemplo Ítem 1, Ítem 2, Ítem 3

Al efectuar, el análisis de la dimensión buenas prácticas se obtuvo un cumplimiento del 16.66%. En relación al valor obtenido se sugiere incorporar la revalidación y/o actualización de las políticas bajo intervalos regulares.

## 3.1.2 Catalizador 2: Procesos

Los Procesos necesitan políticas y procedimientos para asegurar una implementación y ejecución consistente. Sin embargo, para organizaciones que cuentan con un departamento de procesos trabajando en el sistema de gestión institucional con el objetivo de dar cumplimiento a las política organizacionales, de este modo se realiza una simulación de evaluación.

### 3.1.2.1.1    Dimensión 1: Partes interesadas

Es imprescindible que la Estructura Organizacional de Gestión por Procesos se alinee con la Misión Institucional. Para el análisis de la dimensión partes interesadas se genera las siguientes métricas.

Tabla 16.  Métricas Partes Interesadas Procesos

| Ítem. | Aspectos a Evaluar | Cumple | Clasif | Valor |
|---|---|---|---|---|
| 1 | Están identificados formalmente los responsables del diseño y actualización de los procesos Institucionales. | SI | MEDIO | 75% |
| 2 | La estructura organizativa institucional se encuentra apalancada por procesos. | SI | MEDIO | 50% |
| Peso | 20% <br> PROMEDIO: | 62.5% | | |

Se evidencia la información correspondiente a la tabla Nro. 16 para cada ítem.

- Ejemplo Ítem 1, Ítem 2, Ítem 3

Al efectuar, el análisis de la dimensión partes interesadas se obtiene un valor 66.66% de cumplimiento. El valor obtenido, es evidente que la Institución se encuentra trabajando en los procesos que apoyan el cumplimiento de resultados requeridos por las partes interesadas.

### 3.1.2.1.1 Dimensión 2: Metas

Para el análisis de la dimensión Metas se genera las siguientes métricas.

Tabla 17. Métricas Metas de Procesos

| Ítem | Aspectos a Evaluar | Cumple | Clasif. | Valor |
|---|---|---|---|---|
| 1 | Se garantiza la calidad de los procesos institucionales. | SI | MEDIO | 50% |
| 2 | Se encuentran levantados los procesos de TI. | SI | MEDIO | 25% |
| 3 | Los procesos institucionales ayudan a acelerar los tiempos de respuesta. | SI | MEDIO | 50% |
| Peso | 20% PROMEDIO: | 41.66% | | |

Se evidencia la información correspondiente a la tabla Nro. 19 para cada ítem.

- Ejemplo Ítem 1, Ítem 2, Ítem 3

Del análisis de la dimensión metas se obtuvo un 41.66% de cumplimiento, con el propósito incrementar el nivel de cumplimiento se recomienda efectuar mejoras en la generación de calidad tanto a nivel de efectividad y relevancia.

### 3.1.2.2 Dimensión 3: Ciclo de Vida

A continuación se listan algunas de las responsabilidades de las áreas de Planificación Institucional:

a) Conocer, participar y proponer ajustes a la Planificación Estratégica Institucional.

b)	Conocer y participar en la consolidación del Presupuesto Institucional.

Con el propósito de identificar el alcance del catalizador dentro de la dimensión Ciclo de Vida, se genera las siguientes métricas.

Tabla 18. Métricas Ciclo de Vida Procesos

| Ítem. | Aspectos a Evaluar | Cumple | Clasif | Valor |
|---|---|---|---|---|
| 1 | Los procesos se actualizan para adaptarse a cambios que se producen en la institución | SI | MEDIO | 50% |
| 2 | La planificación de los procesos de TI se enfoca en apoyar las estrategias Institucionales. | NO | BAJO | 0% |
| 3 | El ciclo de vida de los procesos se basa en estándares o buenas prácticas | SI | MEDIO | 25% |
| Peso | 25% | PROMEDIO: | 25,0% | |

Se evidencia la información correspondiente a la tabla Nro. 20 para cada ítem

- Ejemplo Ítem 1, Ítem 2, Ítem 3

Al efectuar el análisis de la dimensión ciclo de vida, en el ejemplo planteado obtiene un 25,0% del cumplimiento.

### 3.1.2.3	Dimensión 4: Buenas Prácticas

Se pretende contar con un referente o buenas prácticas que mejoren la gestión y administración. Para el análisis de la dimensión Buenas Prácticas, se genera las siguientes métricas.

Tabla 19. Métricas Buenas Prácticas Procesos

| Ítem. | Aspectos a Evaluar | Cumple | Clasif | Valor |
|---|---|---|---|---|

| 1 | Están definidas y documentadas las salidas que requiere el proceso para su ejecución | SI | MEDIO | 50% |
|---|---|---|---|---|
| 2 | Están definidas y documentadas las entradas que requiere el proceso para su ejecución | SI | MEDIO | 50% |
| 3 | Se aplican buenas prácticas para evaluar periódicamente la capacidad del proceso | SI | MEDIO | 25% |
| Peso | 35% | PROMEDIO: | 41,66% | |

Se evidencia la información correspondiente a la tabla Nro. 21 para cada ítem

- Ejemplo Ítem 1, Ítem 2, Ítem 3

Se obtuvo un cumplimiento del 41.66%, por consiguiente se recomienda adoptar estándares de calidad en la evaluación de los procesos.

### 3.1.3 Catalizador 3: Estructuras Organizativas

Las Estructuras Organizativas son guiadas por las políticas, principios y procesos, los mismos establecen los niveles de autorización y delegación de autoridades.

### 3.1.3.1 Dimensión 1: Partes Interesadas

Para esta dimensión se detallan los actores o partes interesadas, el rol que desempeñan y el nivel en que se encuentran de las partes interesadas

Para el análisis de la dimensión Partes Interesadas, se generan las siguientes métricas.

Tabla 20. Métricas Estructura Organizacional Partes Interesadas

| Ítem. | Aspectos a Evaluar | Cumple | Clasif. | Valor |
|---|---|---|---|---|

| | | | | |
|---|---|---|---|---|
| 1 | Se aplican principios operativos y de funcionamiento de la estructura, como frecuencia de reuniones, documentación. | SI | MEDIO | 50% |
| 2 | Los límites de los derechos de decisión de la estructura organizativa están claramente identificados. | SI | MEDIO | 50% |
| 3 | Están definidos, actualizados y se aplican niveles de autorización y/o derechos de decisión. | SI | MEDIO | 75% |
| 4 | Existe un Comité de Tecnología | NO | BAJO | 0% |
| Peso | 15% PROMEDIO: | 43,75% | | |

Se evidencia la información correspondiente a la tabla Nro. 23 para cada ítem

- Ejemplo Ítem 1, Ítem 2, Ítem 3

En relación con el análisis de la dimensión Partes Interesadas, se obtuvo un 43,75% del cumplimiento, sin embargo con el propósito de cubrir las necesidades de las partes interesadas se debería crear el Comité de Tecnología.

Entre las funciones que el Comité debería incorporar, se encuentran:

- Reuniones frecuentes (1 vez cada tres meses), con el objetivo de establecer resoluciones en relación de sus funciones.
- Coordinar y supervisar el desarrollo de la tecnología, considera una instancia asesora en temas de TI.
- Aprobar las políticas generales sobre TI y de tolerancia al riesgo de TI en base al plan correctivo-preventivo, derivado de la auditoria y supervisión externa de la gestión de TI.

Según (Ballester, 2010) *"El Comité debe estar integrado por los directores de las áreas estratégicas"*. Se recomienda que los miembros del comité sean los siguientes: Director de Registro de Títulos, Subsecretaría, Área Jurídica, Director de Riesgos, Director de TIC, Director de Planificación, Cultura Organizacional, Director de Recursos Humanos además podrán asistir otras áreas con carácter de invitado.

### 3.1.3.2 Dimensión 2: Metas

Las Metas se encuentran asociadas a un valor por conseguir, en términos de resultados esperados. Para el análisis de la dimensión Metas, se generaron las siguientes métricas.

Tabla 21. Métricas Metas Estructura Organizacional

| Ítem. | Aspectos a Evaluar | Cumple | Clasif. | Valor |
|---|---|---|---|---|
| 3 | La ruta de escalamiento para una estructura organizacional describe las acciones requeridas en caso de problemas en la toma de decisiones. | SI | MEDIO | 75% |
| 2 | Existe una cultura de tolerancia al riesgo, asumido por el jerárquico superior. | NO | BAJO | 0% |
| 3 | Existe un organigrama definido y socializado | SI | ALTO | 100% |
| Peso | 25% PROMEDIO: | | 58.33% | |

Se evidencia la información correspondiente a la tabla Nro. 24 para cada ítem

- Ejemplo Ítem 1, Ítem 2, Ítem 3

En base al análisis efectuado en la dimensión Metas del catalizador estructuras organizativas se obtuvo un porcentaje del 58.33%, al no existir tolerancia al riesgo. De esta manera se propone la institucionalización de políticas de tolerancia al riesgo.

### 3.1.3.3 Dimensión 3: Ciclo de vida

La planeación del gobierno descentralizada pretende facilitar la toma de decisiones institucionales, disminuir tiempos de respuesta, mejorar la prestación de servicios hacia la ciudadanía. Para el análisis de la dimensión Ciclo de Vida se generan las siguientes métricas.

Tabla 22. Métricas Ciclo de Vida Estructura Organizacional

| Ítem. | Aspectos a Evaluar | Cumple | Clasif. | Valor |
|---|---|---|---|---|
| 1 | La institución posee un manual de ética y cultura organizacional. | SI | ALTO | 100% |
| 2 | Se analizan, actualizan y difunden periódicamente los lineamientos que rigen el comportamiento, la ética y la cultura organizacional | SI | MEDIO | 75% |
| 3 | Existen procedimientos oportunos y efectivos de comunicación y concientización de la cultura organizacional | SI | MEDIO | 50% |
| Peso | 30% PROMEDIO: | | 75% | |

Se evidencia la información correspondiente a la tabla Nro. 25 para cada ítem.

- Ejemplo Ítem 1, Ítem 2, Ítem 3

Al efectuar el análisis de la dimensión Ciclo de Vida se obtiene un 75% del cumplimiento; en base al resultado obtenido se recomienda repotenciar los procedimientos de comunicación y concientización de la cultura organizacional con el fin de lograr identificar acciones de mejoramiento del desempeño.

### 3.1.3.4 Dimensión 4: Buenas Prácticas

Para el análisis de la dimensión Buenas Prácticas, se generan las siguientes métricas, a continuación se ejemplifica un modelo de simulación aplicado.

Tabla 23. Métricas Buenas Prácticas Estructura Organizacional

| Ítem. | Aspectos a Evaluar | Cumple | Clasif. | Valor |
|---|---|---|---|---|
| 1 | La institución cuenta con la adopción de guías, normativas y lineamientos claros, con el propósito de mejorar las entidades internas. | SI | MEDIO | 75% |
| 2 | Los niveles de decisión se encuentran definidos según estructura organizativa. | SI | ALTO | 100% |
| 3 | Existen indicadores de desempeño de la estructura organizativa existente. | SI | BAJO | 25% |
| Peso | 30% PROMEDIO: | | 66,66% | |

Se evidencia la información correspondiente a la tabla Nro. 26 para cada ítem.

- Ejemplo Ítem 1, Ítem 2, Ítem 3

En base al análisis obtenido en la dimensión Buenas Prácticas se obtiene un valor del 66.66%. De esta manera se recomienda incorporar indicadores y buenas prácticas con el propósito de tener una visión holística de la estructura organizacional.

### 3.1.4 Catalizador 4: Cultura, Ética y Comportamiento

### 3.1.4.1 Dimensión 1: Partes Interesadas

Según el código de ética institucional *"La integridad y los valores éticos son elementos esenciales del ambiente de control, la administración y el monitoreo de los otros componentes del control interno. Por ende, la máxima autoridad y los directivos establecerán los principios y valores éticos como parte de la cultura organizacional que perduran frente a los cambios de las personas de libre remoción; estos valores rigen la conducta de su personal, orientando su integridad y compromiso hacia la organización."* (Andrade, 2016).

Para el análisis de la dimensión Partes Interesadas, se generan las siguientes métricas.

Tabla 24. Métricas Partes Interesadas Cultura, Ética y Comportamiento

| Ítem. | Aspectos a Evaluar | Cumple | Clasif. | Valor |
|---|---|---|---|---|
| 1 | Existen responsables de definir, implementar y reforzar comportamientos deseados en el personal | SI | ALTO | 100 % |
| 2 | Existen responsables de supervisar el alineamiento del personal con las reglas y normas definidas | SI | ALTO | 75% |
| 3 | El comportamiento ético, organizacional e individual están identificados y aceptados por todos los interesados | SI | MEDIO | 75% |
| Peso | 15% PROMEDIO: | | 88,33% | |

Se evidencia la información correspondiente a la tabla Nro. 27 para cada ítem.

- Ejemplo Ítem 1, Ítem 2, Ítem 3

Al efectuar el diagnóstico de la Cultura Organizacional se evidencia un total cumplimiento del 88,33%.

### 3.1.4.2 Dimensión 2: Metas

Para el análisis de la dimensión Metas, se generan las siguientes métricas.

Tabla 25. Métricas Metas Cultura, Ética y Comportamiento

| Íte m. | Aspectos a Evaluar | Cump le | Clasif . | Val or |
|---|---|---|---|---|
| 1 | Se evalúa la calidad del clima laboral dentro de la organización. | SI | BAJO | 25 % |
| 2 | Se cuenta con planes de entrenamiento empresarial, logrando así mantener una cultura institucional de calidad. | NO | BAJO | 0% |
| 3 | Se define la relevación de conformar y supervisar a equipos de alto rendimiento internos y externos. | NO | BAJO | 0% |
| Pes o | 25%　　　　　　　　PROMEDIO: | 12.5% | | |

Se evidencia la información correspondiente a la tabla Nro. 28 para cada ítem.

- Ejemplo Ítem 1, Ítem 2, Ítem 3

En base al análisis efectuado en la tabla Nro. 29, la organización requiere trabajar en la cultura organizacional al poseer un valor del 12.5%. Al no existir grupos de alto rendimiento ni indicadores relacionados al clima y cultura laboral, en este sentido se propone generar instrumentos que permitan evaluar y generar planes de acción de mejora.

### 3.1.4.3    Dimensión 3: Ciclo de Vida

Para el análisis de la dimensión Ciclo de Vida, se generan las siguientes métricas.

Tabla 26. Métricas Ciclo de Vida Cultura, Ética y Comportamiento

| Ítem | Aspectos a Evaluar | Cumple | Clasif. | Valor |
|---|---|---|---|---|
| 1 | Existe una planificación de procedimientos oportunos y efectivos de comunicación y concientización de la cultura organizacional | SI | MEDIO | 50% |
| 2 | Se analizan, actualizan y difunden periódicamente los lineamientos que rigen el comportamiento, la ética y la cultura organizacional | SI | BAJO | 25% |
| Peso | 20% PROMEDIO: | 37.5% | | |

Se evidencia la información correspondiente a la tabla Nro. 29 para cada ítem.

- Ejemplo Ítem 1, Ítem 2, Ítem 3

Se evidencia una cultura organizacional institucional pobre debido al valor de cumplimiento del 7.5%, por lo tanto se recomienda crear e implementar programas que mejoren el comportamiento.

### 3.1.4.4 Dimensión 4: Buenas Prácticas

Para el análisis de la dimensión Buenas Prácticas, se generan las siguientes métricas.

Tabla 27. Métricas Buenas Prácticas Cultura, Ética y Comportamiento

| Ítem | Aspectos a Evaluar | Cumple | Clasif. | Valor |
|---|---|---|---|---|

| 1 | Existe propuestas de mejora de la cultura organizacional. | SI | BAJO | 25% |
|---|---|---|---|---|
| 2 | Existe prácticas que manejen el esquema de recompensas | NO | BAJO | 0% |
| 3 | Están documentadas y actualizadas las reglas y normas que guían el comportamiento organizativo deseado | SI | MEDIO | 50% |
| 4 | Existen entregables de los procesos de responsabilidad social y ambiental. | SI | MEDIO | 50% |
| Peso 40% PROMEDIO: | 31.25% | | | |

Se evidencia la información correspondiente a la tabla Nro. 30 para cada ítem.

- Ejemplo Ítem 1, Ítem 2, Ítem 3

En base al análisis de la dimensión se obtuvo un 31.25%, por consiguiente se requiere trabajar en el cambio de la cultura organizacional, a fin de fomentar la entrega de recompensas en base al cumplimiento de resultados. Además de incluir la capacitación al personal en áreas de interés, con el objetivo de generar empleados comprometidos y más productivos. Debido al vínculo existente entre el comportamiento individual y el esquema de recompensas.

### 3.1.5 Catalizador 5: Información

### 3.1.5.1 Dimensión 1: Partes Interesadas

Según (ISACA, 2012) *"La información, que necesita ser gestionada como un recurso"*, tal es el caso de los informes de inteligencia de negocio considerados, importantes catalizadores para el gobierno y la gestión de la empresa;

Para el análisis de la dimensión partes interesadas se generan las siguientes métricas.

Tabla 28. Métricas Partes Interesadas Información

| Ítem | Aspectos a Evaluar | Cumple | Clasif. | Valor |
|---|---|---|---|---|
| 1 | Existe políticas de acceso a la información | SI | MEDIO | 75% |
| 2 | Existen acuerdos y procedimientos documentados, de las entidades externas y sus requerimientos de información | SI | ALTO | 100% |
| 3 | Existe indicadores del manejo de la información | SI | MEDIO | 50% |
| 4 | La información es aplicable y útil para las entidades externas | SI | MEDIO | 75% |
| 5 | La información es fácil de manipular y tratar por las áreas a cargo de su gestión. | SI | BAJO | 25% |
| Peso | 15% PROMEDIO: | | 65% | |

Se evidencia la información correspondiente a la tabla Nro. 31 para cada ítem.

- Ejemplo Ítem 1, Ítem 2, Ítem 3

Al efectuar el análisis de la dimensión partes interesadas se obtiene un 65% de cumplimiento. Por consiguiente se propone incorporar gobierno de la información facilitando la manipulación de datos.

### 3.1.5.2 Dimensión 2: Metas

La información es el principal activo, *por consiguiente la importancia de su análisis*. Para el análisis de la dimensión Metas se generan las siguientes métricas.

Tabla 29. Métricas Metas Información

| Ítem | Aspectos a Evaluar | Cumple | Clasif. | Valor |
|---|---|---|---|---|
| 1 | La información institucional es confiable en relación a la información existente | SI | MEDIO | 50% |
| 2 | El grado en que los datos están en conformidad con los valores reales | SI | MEDIO | 50% |
| 3 | La información es veraz | SI | MEDIO | 50% |
| 4 | La información está lo suficientemente actualizada para las tareas realizadas | SI | MEDIO | 50% |
| 5 | Se cuenta con sistemas que permitan apoyar la toma de decisiones en base a la información existente. | SI | BAJO | 25% |
| Peso | 25%                          PROMEDIO: | | 45% | |

Se evidencia la información correspondiente a la tabla Nro. 32 para cada ítem.

- Ejemplo Ítem 1, Ítem 2, Ítem 3

Al efectuar el análisis del catalizador se obtiene un 45% en relación al nivel de confiabilidad de la información, ya que existen múltiples fuentes de información y procesos manuales de recepción de la información. En este sentido, el análisis de la calidad de la información muchas veces es subjetiva; sin embargo, se debería incorporar procedimientos seguros de eliminación de información, a más de incorporar herramientas que faciliten la evaluación de la calidad de la información.

### 3.1.5.2 Dimensión 3: Ciclo de Vida

Para el análisis de la dimensión Ciclo de Vida se generan las siguientes métricas.

Tabla 30. Métricas Ciclo de Vida Información

| Ítem | Aspectos a Evaluar | Cumple | Clasif. | Valor |
|---|---|---|---|---|
| 1 | Se planifica la arquitectura de la información y el desarrollo de estándares y definiciones | SI | MEDIO | 50% |
| 2 | Se han implementado adecuados controles de almacenamiento de la información | SI | MEDIO | 50% |
| 3 | Se monitorean los procedimientos que comprueban que la información está actualizada | SI | MEDIO | 50% |
| 4 | Se implementan procedimientos seguros para la eliminación o verificación información no es útil. | SI | BAJO | 25% |
| Peso | 20% PROMEDIO: | | 43.75% | |

Se evidencia la información correspondiente a la tabla Nro. 33 para cada ítem.

- Ejemplo Ítem 1, Ítem 2, Ítem 3

Al efectuar el análisis del ciclo de vida, se evidencia un cumplimiento del 43.75%, por consiguiente se propone repotenciar la arquitectura de datos, a más de incorporar procesos, políticas que apoyen la administración y gestión de la Información, puesto que la información es el activo más importante de la institución.

**3.1.5.3 Dimensión 4: Buenas Prácticas**

La Institución posee información almacenada, sin considerar la seguridad de la información. En este sentido, se pretende incorporar la adopción de buenas prácticas que mitiguen el riesgo de seguridad.

Para el análisis de las buenas prácticas se generan las siguientes métricas.

Tabla 31. Métricas Buenas Prácticas Información

| Ítem | Aspectos a Evaluar | Cumple | Clasif. | Valor |
|---|---|---|---|---|
| 1 | Cuando se requiere valorar la información, se lo hace a través de la identificación de su uso | SI | MEDIO | 50% |
| 2 | Existen políticas que manejen control de accesos hacia la información | SI | ALTO | 100% |
| 3 | Existen controles y codificación de la información | SI | MEDIO | 50% |
| 4 | Existen métodos que clasifiquen la información en útil y utilizable | SI | BAJO | 25% |
| Peso | 20%                PROMEDIO: | | 56.25% | |

Se evidencia la información correspondiente a la tabla Nro. 34 para cada ítem.

- Ejemplo Ítem 1, Ítem 2, Ítem 3

En base al análisis de la tabla Nro. 34 se obtiene un porcentual del 56.25%, por consiguiente se recomienda incorporar buenas prácticas para el manejo de la información a más de incorporar mayores niveles de seguridad.

### 3.1.6 Catalizador 6: Servicios, Infraestructura y Aplicaciones

La Coordinación de Planificación y Gestión Estratégica, evalúa el modelo de gestión. A fin de controlar y mantener la mejora continua institucional.

### 3.1.6.1    Dimensión 1: Partes Interesadas

Para el análisis de la dimensión partes interesadas se generan las siguientes métricas.

Tabla 32. Métricas Partes Interesadas Servicios, Infraestructura y Aplicaciones

| Ítem | Aspectos a Evaluar | Cumple | Clasif. | Valor |
|---|---|---|---|---|
| 1 | Están identificadas las partes interesadas internas que proveen servicios, infraestructura y aplicaciones | SI | MEDIO | 50% |
| 2 | Están identificadas las partes interesadas externas que proveen servicios, infraestructura y aplicaciones | SI | MEDIO | 50% |
| 3 | La clasificación de las partes interesadas, se efectúa en base a la entrega de servicios, o la recepción de los servicios. | SI | MEDIO | 50% |
| 4 | Existe una evaluación del nivel de satisfacción de los servicios ofrecidos por parte del negocio. | NO | BAJO | 0% |
| Peso | 15%                    PROMEDIO: | 37,5% | | |

Se evidencia la información correspondiente a la tabla Nro. 35 para cada ítem.

- Ejemplo Ítem 1, Ítem 2, Ítem 3

Al efectuar el análisis de la dimensión Partes Interesadas, se obtiene un valor de 37.5% debido a la carencia de evaluaciones de satisfacción de las partes interesadas.

### 3.1.6.2  Dimensión 2: Metas

Para el análisis de la dimensión metas se generan las siguientes métricas.

Tabla 33. Métricas Metas Servicios, Infraestructura y Aplicaciones

| Íte m | Aspectos a Evaluar | Cumpl e | Clasif. | Val or |
|---|---|---|---|---|
| 1 | Se ha otorgado la relevancia de la disponibilidad de los servicios, infraestructura, tecnología y aplicaciones que requieren los procesos de negocio. | SI | MEDI O | 75 % |
| 2 | Periódicamente se mide el nivel de calidad de los servicios, infraestructura, tecnología y aplicaciones a los procesos de negocio | SI | MEDI O | 50 % |
| 3 | Existen responsables formalmente designados para la supervisión y aplicación de medidas correctivas ante desviaciones de los niveles de servicio acordados | SI | MEDI O | 50 % |
| Pes o | 25% PROMEDIO: | 53,33% | | |

Se evidencia la información correspondiente a la tabla Nro. 36 para cada ítem.

- Ejemplo Ítem 1, Ítem 2, Ítem 3

### 3.1.6.3 Dimensión 3: Ciclo de Vida

En la actualidad, los servicios tecnológicos se encuentran creados bajo las demandas del negocio. De este modo es recomendable levantar una bitácora de aplicaciones.
A más de evaluar la infraestructura técnológica, Ver Figura Nro. 9 con el propósito de identificar posibles mejoras.Ver Figura Nro. 10.

Al efectuar el cambio en la arquitectura se tendrán ahorros consistentes en el presupuesto del área.

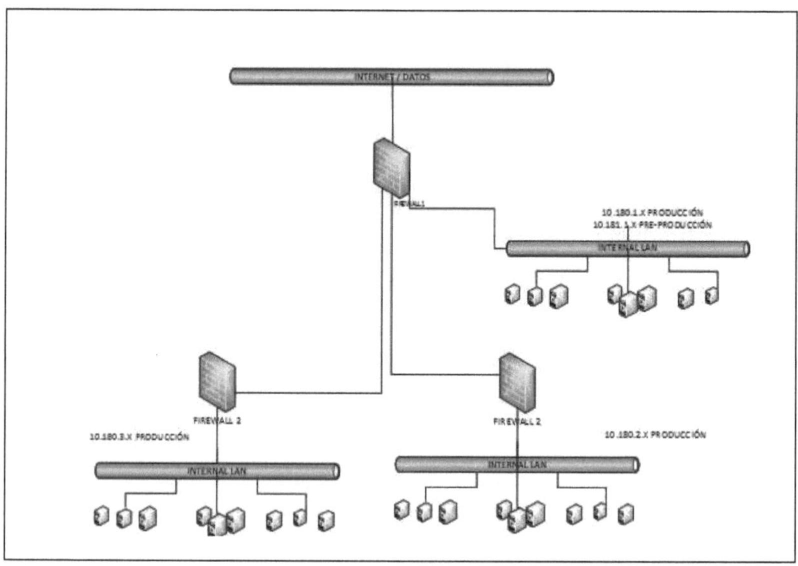


Figura 7. Plataforma Actual de la Nube

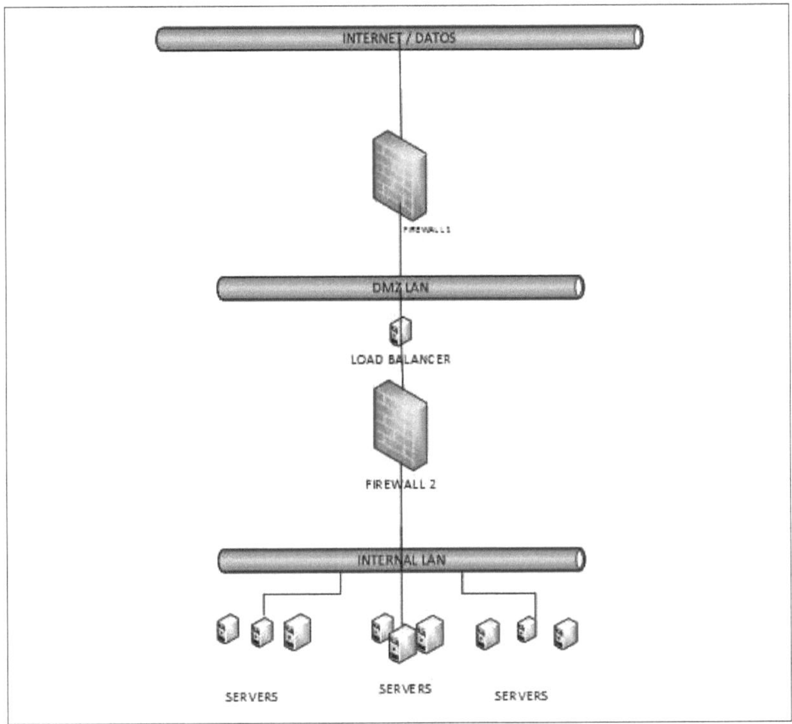


Figura 10. Propuesta de arquitectura de TI

Para el análisis de la dimensión ciclo de vida se generan las siguientes métricas.

Tabla 34. Métricas Ciclo de Vida Servicios, Infraestructura y Aplicaciones

| Íte m. | Aspectos a Evaluar | Cump le | Clasif. | Val or |
|---|---|---|---|---|
| 1 | Cuando se planifica la capacidad de un nuevo servicio, se lo hace en función de las necesidades institucionales. | SI | MEDI O | 50 % |

| 2 | Se diseña una arquitectura objetivo que cubre los bloques constituyentes, tales como futuras aplicaciones y el modelo de infraestructura objetivo y también describe los vínculos y las relaciones entre estos bloques de construcción | SI | MEDIO | 50 % |
|---|---|---|---|---|
| 3 | Cuando se construye/adquiere e implementa un nuevo servicio, se considera la documentación de una arquitectura de transición, que muestre la empresa en estados incrementales entre el objetivo y la arquitectura de referencia | SI | BAJO | 25 % |
| 4 | Se evalúa y monitorea oportunamente cuando un servicio ya no es requerido o requiere ajustes, y se lo elimina y/o actualiza su documentación | SI | BAJO | 25 % |
| Peso | 35%  PROMEDIO: | | 37.5% | |

Se evidencia la información correspondiente a la tabla Nro. 37 para cada ítem.

- Ejemplo Ítem 1, Ítem 2, Ítem 3

Al efectuar el análisis del ciclo de vida, se obtiene un 37,5% de cumplimiento, al ser la calificación más baja relacionada al punto 3 y 4. Sin embargo la dirección de TIC se está trabajando en la repotenciación y mejoras a la arquitectura tecnológica.

### 3.1.6.4 Dimensión 4: Buenas Prácticas

Las buenas prácticas relacionadas al catalizador Servicios, Infraestructura y Aplicaciones, se encuentra influenciado por la definición de los principios de arquitectura que rigen la implementación y utilización de los recursos relacionados con TI. Por consiguiente es recomendable que la institución utilice los principios de reutilización, simplicidad, agilidad para satisfacer las necesidades cambiantes de negocio.

Para el análisis de la dimensión Buenas Prácticas se generan las siguientes métricas.

Tabla 35. Métricas Buenas Prácticas Servicios, Infraestructura y Aplicaciones

| Ítem | Aspectos a Evaluar | Cumple | Clasif. | Valor |
|---|---|---|---|---|
| 1 | Existen prácticas de arquitectura que rigen la implementación y utilización de los recursos relacionados con las TI dentro de la empresa, tales como reutilización, comprar frente a construir, simplicidad, agilidad, apertura | SI | MEDIO | 50% |
| 2 | Se utilizan las herramientas, modelos o diagramas más adecuados para mostrar las soluciones que satisfacen las necesidades de los diferentes interesados | SI | MEDIO | 50% |
| 3 | Se dispone de un repositorio de arquitectura | SI | BAJO | 25% |
| 4 | Se aplican otras buenas prácticas, tales como ITIL v3 para la prestación de servicios de TI | SI | BAJO | 25% |
| Peso | 25%                    PROMEDIO: | | 37,5% | |

Se evidencia la información correspondiente a la tabla Nro. 38 para cada ítem.

- Ejemplo Ítem 1, Ítem 2, Ítem 3

Al efectuar el análisis de las métricas se obtuvo un total del 37,5% puesto se ha incorporado la definición empresarial de los puntos de vista del diseño de la arquitectura.

### 3.1.7 Catalizador 7: Personas, Habilidades y Competencias

### 3.1.7.1 Dimensión 1: Partes Interesadas

Para el análisis de la dimensión Partes Interesadas, se generan las siguientes métricas.

Tabla 36. Métricas Partes Interesadas Personas, Habilidades y Competencias

| Ítem | Aspectos a Evaluar | Cumple | Clasif. | Valor |
|---|---|---|---|---|
| 1 | Se toman en cuenta las capacidades y competencias de todas las partes interesadas internas: directivos, gerentes de proyectos, socios, reclutadores, desarrolladores, técnicos de TI, etc., para que sean asignados y asuman los diferentes roles | SI | MEDIO | 50% |
| 2 | Se toman en cuenta las capacidades y competencias de todas las partes interesadas externas: competidores, proveedores, reguladores, auditores externos, financistas, etc., para la ejecución de los procesos y proyectos de la organización | SI | MEDIO | 50% |
| 3 | Existen programas de capacitación o educación continua, que estimule | NO | BAJO | 0% |

| | crecimiento profesional de los funcionarios de la institución. | | | |
|---|---|---|---|---|
| Pes o | 15% | PROMEDIO: | | 33,33% |

Se evidencia la información correspondiente a la tabla Nro. 39 para cada ítem.

- Ejemplo Ítem 1, Ítem 2, Ítem 3

Al efectuar el análisis de la dimensión Partes Interesadas se obtiene un 33,33% de cumplimiento, de esta manera se sugiere incorporar un análisis de capacidad y competencias de todos los involucrados, además de analizar la factibilidad, riesgos y beneficios de la desconcentración institucional.

### 3.1.7.2  Dimensión 2: Metas

El análisis de la dimensión Metas se basa en los resultados obtenidos en términos de resultados esperados o aplicación del catalizador, bajo este contexto se efectúa la evaluación de la tabla Nro. 40.

Tabla 37. Métricas Metas Personas, Habilidades y Competencias

| Ítem | Aspectos a Evaluar | Cumple | Clasif. | Valor |
|---|---|---|---|---|
| 1 | Existen prácticas de evaluación de calidad del personal. | SI | MEDIO | 75% |
| 2 | Existen procesos efectivos para la contratación del personal. | SI | MEDIO | 50% |
| Peso | 25% | PROMEDIO: | | 62,5% |

Se evidencia la información correspondiente a la tabla Nro. 40 para cada ítem.

- Ejemplo Ítem 1, Ítem 2, Ítem 3

El análisis de la dimensión Metas, obtiene un valor del 62.5% de cumplimiento, en consecuencia se sugiere incorporar procesos que manejen la contratación del personal, debido que en la actualidad la institución está trabajando en repotenciar los procesos de contratación.

### 3.1.7.3  Dimensión 3: Ciclo de vida

Es fundamental educar e informar al personal desde su ingreso, acerca de las medidas de seguridad que afectan al desarrollo de sus funciones y de las expectativas depositadas en ellos; las mismas que se relacionan en materia de seguridad y asuntos de confidencialidad. Además de definir las sanciones que se aplicarán en caso de incumplimiento.

Adicionalmente, se genera un cuadro resumen con las certificaciones que posee el personal de TI, a fin de evidenciar las capacidades del personal de la institución.

Para el análisis de la dimensión Ciclo de Vida se generan las siguientes métricas.

Tabla 38. Métricas Ciclo de Vida Personas, Habilidades y Competencias

| Ítem | Aspectos a Evaluar | Cumple | Clasif. | Valor |
|---|---|---|---|---|
| 1 | Se eliminan las habilidades y competencias que ya no sean necesarias en la organización | SI | MEDIO | 50% |
| 2 | Se evalúan las competencias básicas que se utilizaran en el proceso de planificación | SI | MEDIO | 50% |
| 3 | Se implementa compensación y reconocimiento al personal | SI | BAJO | 25% |
| 4 | Para cada cargo, están definidas las metas de habilidades y competencias, tales como niveles de educación y capacitación, habilidades técnicas, | SI | | |

| | niveles de experiencia, conocimientos y habilidades de comportamiento necesarios para llevar a cabo con éxito las actividades del cargo | | MEDI O | 50 % |
|---|---|---|---|---|
| Pes o | 35% | PROMEDIO: | 43,75% | |

Se evidencia la información correspondiente a la tabla Nro. 42 para cada ítem.

- Ejemplo Ítem 1, Ítem 2, Ítem 3

Al efectuar el análisis de la dimensión, se obtuvo un total de 43.75% del cumplimiento puesto que no existe una cultura de compensación. Frente al cumplimiento de los objetivos por parte del personal, por lo tanto se recomienda incorporar técnicas motivacionales al personal.

### 3.1.7.4 Dimensión 4: Buenas Prácticas

Con el objetivo de potenciar las competencias del personal de trabajo, a más lograr la implementación del modelo de gestión.

Se efectúa la selección de las actividades, tales como taller de sensibilización, campañas de comunicación interna a cargo del Departamento de Comunicaciones. Además el Departamento de Talento Humano deberá dimensionar la plantilla mínima óptima, el manual de clasificación de puestos. Requerido para el dimensionamiento de proyectos institucionales y el fortalecimiento del talento humano, con la inclusión de concursos de méritos y oposición.

Para el análisis de la dimensión Buenas Prácticas se generan las siguientes métricas.

Tabla 39. Métricas Buenas Prácticas Personas, Habilidades y Competencias

| Ítem | Aspectos a Evaluar | Cumple | Clasif. | Valor |
|---|---|---|---|---|
| 1 | Se utilizan estándares reconocidos mundialmente. | NO | BAJO | 0% |
| 2 | La institución utiliza diversos niveles de habilidad para la categorización de profesionales | SI | MEDIO | 75% |
| 3 | Se usan guías para capacitar al personal, con el objetivo de potenciar sus destrezas en el cumplimiento de las actividades diarias | SI | BAJO | 25% |
| Peso | 25%               PROMEDIO: | 33,33% | | |

Se evidencia la información correspondiente a la tabla Nro. 43 para cada ítem.

- Ejemplo Ítem 1, Ítem 2, Ítem 3

Para la dimensión Buenas Prácticas se obtuvo un valor del 33.33%, puesto que el departamento de Recursos Humanos poseen artefactos que facilitan la gestión, seguimiento y control.

## 3.1.8 Gap Analysis de los 7 Catalizadores de COBIT 5

Al finalizar, para el análisis de los catalizadores y sus dimensiones se realiza un resumen. El consolidado, detalla los pesos ponderados asignados según la metodología definida; con el propósito de evidenciar la situación institucional y sus brechas. Ver tabla Nro.44.

Tabla 40. Valoración de los Catalizadores y Dimensiones

| Peso | Dimensión | Catalizador | | | | | | | | | | | | | |
|---|---|---|---|---|---|---|---|---|---|---|---|---|---|---|---|
| | | Principios, Políticas y Marcos de Referencia | | Procesos | | Estructuras Organizativas | | Cultura, Ética y Comportamiento | | Información | | Servicios, Infraestructura y Aplicaciones | | Personas, Habilidades y Competencias | |
| | | Promedio | Promedio Ponderado | Promedio | Promedio Ponderado | Promedio | Promedio Ponderado | Promedio | Promedio Ponderado | Promedio | Promedio Ponderado | Promedio | Promedio Ponderado | Promedio | Promedio Ponderado |
| 25 | Partes Interesadas | 37,5 | 9,375 | 62,5 | 15,625 | 43,75 | 10,9375 | 88,83 | 22,2075 | 65 | 16,25 | 37,5 | 9,375 | 33,33 | 8,3325 |
| 15 | Metas | 43,75 | 6,5625 | 41,66 | 6,249 | 58,33 | 8,7495 | 12,5 | 1,875 | 45 | 6,75 | 53,33 | 7,9995 | 62,5 | 9,375 |
| 20 | Ciclo de Vida | 33,33 | 6,666 | 25 | 5 | 75 | 15 | 37,5 | 7,5 | 43,75 | 8,75 | 37,5 | 7,5 | 43,75 | 8,75 |
| 40 | Buenas Prácticas | 41,66 | 16,664 | 41,66 | 16,664 | 66,66 | 26,664 | 31,25 | 12,5 | 56,25 | 22,5 | 37,5 | 15 | 33,33 | 13,332 |
| | Sumatoria por Catalizador | 39,27% | | 44% | | 61,35% | | 44,08% | | 54,29% | | 39,87% | | 39,78% | |
| | Brecha | 60,73% | | 56,46% | | 38,65% | | 55,92% | | 45,71% | | 60,13% | | 60,22% | |
| | Total | 100,00% | | 100,00% | | 100,00% | | 100,00% | | 100,00% | | 100,00% | | 100,00% | |

Nota: Las dimensiones Partes Interesadas y Metas son indicadores de retraso con lo cual suman un 30%, mientras que las dimensiones Ciclo de Vida y Buenas Prácticas son indicadores de avance que suman un peso de 70%. De esta manera el indicador de avance evidencia la manera de alcanzar los objetivos del catalizador en la fase de implementación; mientras que un indicador de retraso indica las debilidades al evaluar el catalizador una vez implementado (ISACA, 2012, pág. 70)

La herramienta propuesta en la tabla Nro. 44, muestra cuantitativamente el nivel de cumplimiento alcanzado para cada uno de los catalizadores. A continuación se explica cómo se obtienen los campos de la herramienta.

- El campo "sumatoria total por catalizador", se obtiene de la suma de los promedios ponderados de cada una de las dimensiones del catalizador.
- El campo "brecha" muestra el porcentaje de incumplimiento comprendido entre 0% al 100%; donde el valor se obtiene de la resta 100% de cumplimiento menos el campo "sumatoria total por catalizador".
- El campo "Total", se obtiene a partir de la sumatoria del campo "brecha" más "sumatorio total por catalizador".

En base al análisis de las métricas generadas para cada Dimensión del Catalizador, se logra identificar un patrón de análisis, donde para el ejemplo propuesto, la mayor brecha se encuentra a nivel de principios, políticas y marcos de referencia, servicio infraestructura y aplicaciones, además del catalizador personas, habilidades y competencias.

Como resultado, los catalizadores se encuentran interrelacionados, por lo tanto las políticas forman parte de las buenas prácticas del manejo de la información, además de relacionarse con la cultura y los valores éticos; en este sentido se evidencia débiles mecanismos de comunicación entre los cuerpos de gobierno y de gestión.

Es importante mencionar que "…los catalizadores incluyen procesos, estructuras organizativas e información, y para cada catalizador puede definirse un conjunto de metas relevantes en apoyo de las metas relacionadas con la TI…". (ISACA, 2012, pág. 18). A raíza de lo anterior, surge la necesidad de generar un mapa de procesos de TI.

## 3.2 Propuesta del mapa de procesos de TI

Se propone un mapa de procesos, al ser un componente relevante en la Gobernanza de TI. Se han diseñado tres criterios para la selección de los procesos detallados a continuación.

Tabla 41. Criterios usados para la creación del mapa de procesos.

| Nro. | Definición |
| --- | --- |
| Criterio 1 | Procesos obtenidos del alineamiento de los objetivos estratégicos y el marco de referencia de COBIT 5. |
| Criterio 2 | Procesos que apalancan el cumplimiento normativo y regulatorio, aplicado al sector de análisis. |
| Criterio 3 | Procesos seleccionados según la perspectiva del CIO. |

Los criterios de selección usados y el análisis de la herramienta propuesta, se detalla a continuación.

El criterio 1, relacionado al alineamiento de los objetivos estratégicos institucionales4  y los procesos de COBIT 5. Seleccionan 19 procesos detallados en la tabla Nro.12.

El criterio 2, relacionado al cumplimiento de regulaciones y normativas impartidas por los entes de control, tomando como ejemplo el sector de Educación en Ecuador, cabe mencionar que esta selección varía según el sector al ser aplicado:

1    Acuerdo 133 (Estatuto Orgánico Funcional por Procesos)
2    LOES (Ley Orgánica de Educación Superior)
3    Plan Nacional de Gobierno Electrónico
4    CES (Consejo de Educación Superior)
5    CGE (Contraloría General del Estado)

---

4 Tema abordado en el capítulo III

El criterio 2, contiene los 5 subcriterios detallados anteriormente de cumplimiento normativo obligatorio. Los procesos a seleccionar se encuentran en la tabla Nro. 46.

El criterio 3, relacionado a  juicio experto del CIO selecciona los 8 procesos que se muestran a continuación:

1    EDM01 Asegurar el establecimiento y mantenimiento de un marco de trabajo de Gobierno
2    EDM02 Asegurar la entrega de beneficios
3    EDM03 Asegurar la optimización del riesgo
4    EDM04 Asegurar la optimización de los recursos
5    EDM05 Asegurar la transparencia hacia las partes interesadas
6    APO10  Gestionar la calidad
7    BAI04 Gestionar la disponibilidad y la capacidad
8    DSS01 Gestionar las operaciones

En la tabla Nro. 46 se realiza la selección de los procesos en base al cumplimiento de los 3 criterios definidos en la tabla Nro.45.

La herramienta propuesta en la tabla Nro. 46 muestra el valor "1" para los procesos seleccionados según el criterio de evaluación; mientras que el valor"0" indica que el proceso no es seleccionado.

Tabla 42. Selección de los procesos de COBIT 5 según el cumplimiento de criterios propuestos

| # | Dominio | Proceso | Alineamiento con los objetivos estratégicos institucionales y los procesos de COBIT 5 | Cumplimiento Normativo | | | | | CIO | Total |
|---|---|---|---|---|---|---|---|---|---|---|
| | | | | Acuerdo 133 | LOES | GE | CES | CGE | | |
| 1 | Evaluar, Orientar y Supervisar | EDM01 Asegurar el Establecimiento y Mantenimiento del Marco de Gobierno. | 1 | 1 | 1 | 1 | 1 | 1 | 1 | 7 |
| 2 | | EDM02 Asegurar la Entrega de Beneficios | 1 | 1 | 1 | 1 | 1 | 1 | 1 | 7 |
| 3 | | EDM03 Asegurar la Optimización del Riesgo | 1 | 0 | 1 | 1 | 0 | 1 | 1 | 5 |
| 4 | | EDM04 Asegurar la Optimización de los Recursos | 0 | 0 | 0 | 1 | 0 | 1 | 1 | 3 |
| 5 | | EDM05 Asegurar la Transparencia hacia las Partes Interesadas | 0 | 0 | 0 | 1 | 1 | 1 | 1 | 4 |
| 6 | Alinear, Planificar y Organizar | APO01 Gestionar el Marco de Gestión de TI | 0 | 1 | 0 | 1 | 0 | 1 | 0 | 3 |
| 7 | | APO02 Gestionar la Estrategia | 1 | 1 | 0 | 1 | 1 | 1 | 0 | 5 |
| 8 | | APO03 Gestionar la Arquitectura Empresarial | 0 | 1 | 0 | 1 | 0 | 1 | 0 | 3 |
| 9 | | APO04 Gestionar la Innovación | 0 | 0 | 0 | 1 | 0 | 0 | 0 | 1 |
| 10 | | APO05 Gestionar Portafolio | 1 | 1 | 0 | 1 | 0 | 1 | 0 | 4 |
| 11 | | APO06 Gestionar el Presupuesto y los Costos | 0 | 1 | 0 | 0 | 0 | 1 | 0 | 2 |
| 12 | | APO07 Gestionar los Recursos Humanos | 1 | 0 | 0 | 1 | 0 | 1 | 0 | 3 |
| 13 | | APO08 Gestionar las Relaciones | 1 | 1 | 0 | 0 | 0 | 1 | 0 | 3 |
| 14 | | APO09 Gestionar los Acuerdos de Servicio | 1 | 1 | 0 | 1 | 0 | 1 | 0 | 4 |
| 15 | | APO10 Gestionar los Proveedores | 0 | 0 | 0 | 1 | 0 | 1 | 1 | 3 |
| 16 | | APO11 Gestionar la Calidad | 1 | 0 | 0 | 1 | 0 | 1 | 0 | 3 |
| 17 | | APO12 Gestionar el Riesgo | 1 | 1 | 0 | 0 | 0 | 1 | 0 | 3 |
| 18 | | APO13 Gestionar la Seguridad | 1 | 0 | 0 | 1 | 0 | 1 | 0 | 3 |
| 19 | | BAI01 Gestionar los Programas y Proyectos | 1 | 1 | 0 | 0 | 0 | 1 | 0 | 3 |
| 20 | | BAI02 Gestionar la Definición de Requisitos | 1 | 0 | 1 | 1 | 0 | 1 | 0 | 4 |
| 21 | | BAI03 Gestionar la Identificación y la Construcción de Soluciones | 0 | 1 | 1 | 1 | 0 | 0 | 0 | 3 |

| # | Dominio | Proceso | | | | | | | | | Total |
|---|---|---|---|---|---|---|---|---|---|---|---|
| 22 | Construir, Adquirir e Implementar | BAI04 Gestionar la Disponibilidad y la Capacidad | 1 | 0 | 0 | 1 | 0 | 1 | 1 | ○ | 4 |
| 23 | | BAI05 Gestionar la Introducción de Cambios Organizativos | 1 | 1 | 1 | 1 | 0 | 0 | 0 | ○ | 4 |
| 24 | | BAI06 Gestionar los Cambios | 1 | 0 | 1 | 0 | 0 | 1 | 0 | ○ | 3 |
| 25 | | BAI07 Gestionar la Aceptación del Cambio y de la Transición | 0 | 1 | 1 | 0 | 0 | 0 | 0 | ● | 2 |
| 26 | | BAI08 Gestionar el Conocimiento | 0 | 0 | 0 | 1 | 0 | 0 | 0 | ● | 1 |
| 27 | | BAI09 Gestionar los Activos | 0 | 0 | 1 | 0 | 0 | 1 | 0 | ● | 2 |
| 28 | | BAI010 Gestionar la Configuración | 0 | 0 | 0 | 0 | 0 | 1 | 0 | ● | 1 |
| 29 | Entregar, dar Servicio y Soporte | DSS01 Gestionar las Operaciones | 0 | 1 | 0 | 1 | 0 | 1 | 1 | ○ | 4 |
| 30 | | DSS02 Gestionar las Peticiones y los Incidentes del Servicio | 0 | 0 | 0 | 1 | 0 | 0 | 0 | ● | 1 |
| 31 | | DSS03 Gestionar los Problemas | 1 | 1 | 0 | 0 | 0 | 0 | 0 | ● | 2 |
| 32 | | DSS04 Gestionar la Continuidad | 1 | 0 | 0 | 1 | 0 | 1 | 0 | ○ | 3 |
| 33 | | DSS05 Gestionar los Servicios de Seguridad | 0 | 0 | 0 | 1 | 0 | 1 | 0 | ● | 2 |
| 34 | | DSS06 Gestionar los Controles de los Procesos del Negocio | 0 | 1 | 1 | 1 | 0 | 1 | 0 | ○ | 4 |
| 35 | Supervisar, Evaluar y Valorar | MEA01 Supervisar, Evaluar y Valorar Rendimiento y Conformidad | 1 | 1 | 1 | 1 | 0 | 1 | 0 | ● | 5 |
| 36 | | MEA02 Supervisar, Evaluar y Valorar el Sistema de Control Interno | 0 | 1 | 0 | 0 | 0 | 1 | 0 | ● | 2 |
| 37 | | MEA03 Supervisar, Evaluar y Valorar la Conformidad con los Requerimientos Externos | 0 | 1 | 1 | 1 | 1 | 1 | 0 | ● | 5 |

Una vez seleccionados los procesos, en base a los criterios se obtiene el campo "total"; el mismo que contiene la suma de cada proceso en función de las necesidades de la organización de análisis. Los resultados obtenidos en el campo "total" presentan los siguientes rangos. Ver tabla Nro. 47.

Tabla 43. Rangos de resultado del campo total

| VALOR | CONCEPTO |
|---|---|
| 1 – 2 | El proceso apoya en nivel mínimo |
| 3 – 4 | El proceso apoya medianamente |
| 5 – 7 | El proceso apoya totalmente |

Luego de detallar el resultado, se procede a seleccionar los procesos cuyo rango para el campo total sea mayor a tres, puesto que apoyan a la Cadena de Valor Institucional. De esta manera se obtienen 27 procesos, los cuales forman el Mapa de Procesos institucional que se puede observar en la Figura 10.

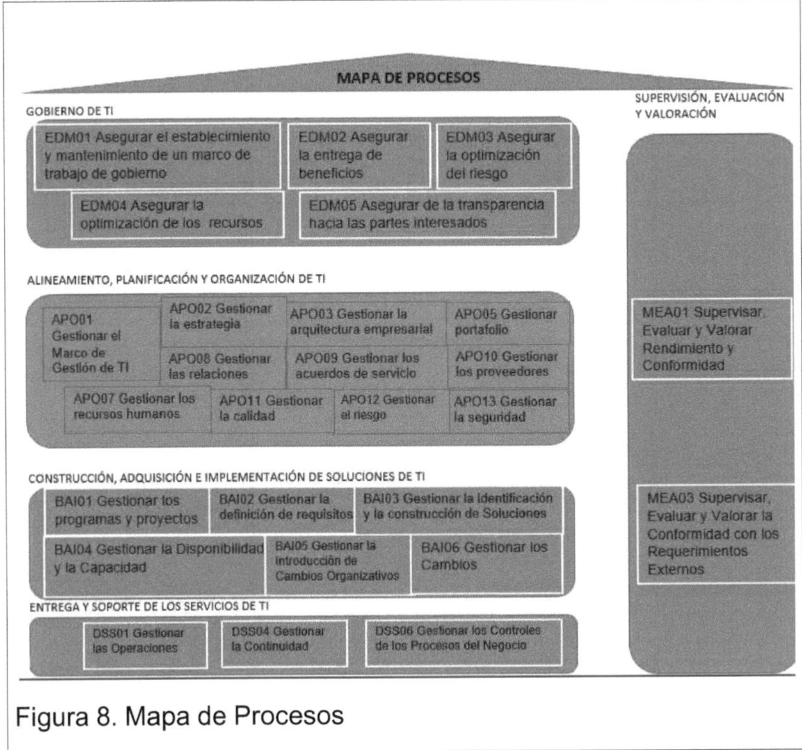


Figura 8. Mapa de Procesos

Luego de definir el Mapa de Procesos, se detalla la evaluación de la capacidad actual de cada proceso.

## 3.3 Evaluación de la capacidad de los procesos actuales de TIC

Para el análisis de la capacidad de los procesos, se usa la metodología de la norma ISO / IEC 15504, mencionado en el Capítulo I sección 1.5, cuyo objetivo es medir el nivel de la capacidad del proceso relacionada al cumplimiento de metas y aplicación de buenas prácticas. Ver Figura Nro.  6.

Para la evaluación de la capacidad de los procesos se propone una plantilla de evaluación de capacidad de los procesos, obtenida a partir de de la norma ISO 15504.Ver tabla Nro. 48.

Tabla 44. Modelo de capacidad de los procesos

| | Procesos | | Evaluación (0% - 100%) | | Conclusión Situación Actual (A+B)/2 |
|---|---|---|---|---|---|
| | | | Procesos (A) | Tecnología (B) | |
| EDM01 | Asegurar el establecimiento y marco de trabajo de gobierno | 0% | 0% | 0% | 0% |
| EDM02 | Asegurar la entrega de beneficios | 0% | 0% | 0% | 0% |
| EDM03 | Asegurar la optimización del riesgo | 0% | 0% | 0% | 0% |
| EDM04 | Asegurar la optimización de recursos | 0% | 0% | 0% | 0% |
| EDM05 | Asegurar la transparencia hacia las partes interesadas | 10% | 15% | 5% | 10% |
| APO01 | Gestionar el marco de gestión de TI | 0% | 0% | 0% | 0% |
| APO02 | Gestionar la estratégia | 10% | 10% | 10% | 10% |
| APO03 | Gestionar la arquitectura empresarial | 0% | 0% | 0% | 0% |
| APO05 | Gestionar el portafolio | 0% | 0% | 0% | 0% |
| APO07 | Gestionar los recursos humanos | 10% | 15% | 5% | 10% |
| APO08 | Gestionar las relaciones | 10% | 15% | 5% | 10% |
| APO09 | Gestionar los Acuerdos de Servicio | 10% | 5% | 15% | 10% |
| APO10 | Gestionar la calidad | 0% | 0% | 0% | 0% |
| APO12 | Gestionar el Riesgo | 10% | 20% | 0% | 10% |
| APO13 | Gestionar la Seguridad | 10% | 10% | 10% | 10% |
| BAI01 | Gestionar los programas y proyectos | 10% | 10% | 10% | 10% |
| BAI02 | Gestionar la definición de requerimientos | 10% | 0% | 20% | 10% |
| BAI03 | Gestionar la Identificación y la Construcción de Soluciones | 10% | 5% | 15% | 10% |
| BAI04 | Gestionar la Disponibilidad y Capacidad | 10% | 0% | 20% | 10% |
| BAI05 | Gestionar la Introducción de Cambios Organizativos | 0% | 0% | 0% | 0% |
| BAI06 | Gestionar los Cambios | 10% | 15% | 5% | 10% |
| BAI07 | Gestionar la Aceptación del Cambio y de la Transición | 10% | 5% | 15% | 10% |
| DSS01 | Gestionar las operaciones | 20% | 15% | 25% | 20% |
| DSS03 | Gestionar los problemas | 10% | 5% | 15% | 10% |
| DSS04 | Gestionar la continuidad | 10% | 5% | 15% | 10% |
| DSS06 | Gestionar los controles de los procesos de negocios | 0% | 0% | 0% | 0% |
| MEA01 | Supervisar, Evaluar y Valorar Rendimiento y Conformidad | 0% | 0% | 0% | 0% |
| MEA03 | Supervisar, Evaluar y Valorar la Conformidad con los Requerimientos Externos | 10% | 15% | 5% | 10% |
| | Total Capacidad de los Procesos 0% 10% 20% 30% 40% 50% 60% 70% 80% 90% 100% | | | | 7% |

En basea a la tabla Nro. 48, se evidencian procesos en una escala de calificación de 0% y 10%,  es decir el proceso  se encuentra en N (No logrado), por lo tanto hay poca o ninguna evidencia del logro, mientras que los procesos con un 20% se encuentran clasificado como P (Parcialmente logrado), de este modo la documentación presentada para cada proceso, evidencia su nivel de capacidad.

Una vez levantado el modelo de capacidad de los procesos de TI, se obtiene un 6% del total de capacidad de procesos existentes, dicho porcentaje se obtiene a partir del promedio del cumplimiento de cada proceso, según la plantilla de ejemplo propuesta.

Al finalizar el análisis de la capacidad de los procesos de COBIT 5, se concluye para el ejemplo planteado, que los procesos se encuentran en un nivel 0, lo que quiere decir, que el proceso no se ha implementado o no logra su propósito.

Posteriormente, se procede a la generación del análisis de brechas existentes en comparación con el escenario ideal que es llegar al 100% de cumplimiento.

### 3.3.1 Gap Analysis de capacidad de los procesos de TI

El Gap Analysis muestra las brechas existentes entre la situación actual y la deseada en base al POA de TI. De este modo, los procesos que conforman el Mapa de Procesos de TI, deberán llegar a cumplir un nivel de capacidad 1, es decir el proceso se implementa y logra su propósito (F) según la Norma ISO 15504. Ver Figura Nro.10.

Figura 9. Gap Análisis de capacidad de los procesos

## 3.4 Propuesta de implementación de gobierno de TI

Antecedentes

El modelo de Gobierno de TI *"Parte de las definiciones entre gobierno y gestión, está claro que comprenden diferentes tipos de actividades, con diferentes responsabilidades; sin embargo, dado el papel de Gobierno de TI– evaluar, orientar y vigilar – se requiere un conjunto de interacciones entre gobierno y gestión para obtener un sistema de gobierno eficiente y eficaz..."* (ISACA, 2012, pág. 35).

De esta manera, con el propósito de integrar TI y la organización, se usan los catalizadores como marco de gobierno, puesto que *"Los catalizadores son para toda la empresa y extremo-a-extremo, es decir, incluyendo todo y a todos, internos y externos, que sean relevantes para el gobierno y la gestión de la información de la empresa y TI relacionada, incluyendo las actividades y responsabilidades tanto de las funciones TI como de las funciones de negocio…"* (ISACA, 2012, pág. 23).

Una vez abordado el antecedente, se especifica que los catalizadores apoyan al Gobierno de TI, con el propósito de evaluar orientar y vigilar, se procede a la elaboración de la propuesta de implementación de gobierno de TI.

Para la elaboración de la propuesta se usa el Gap Análisis de los 7 Catalizadores de COBIT 5[5], luego se identifica el plan de acción, entregable, responsable e indicador de gestión, además de incluir la caracterización del catalizador con la adopción de los principios de la ISO 38500 abordado en el Capítulo 1 y los proceso de COBIT 5 que apalanca más directamente su implementación.

Se efectúa la matriz RACI con el propósito de asignar responsables a distintos niveles de implicación detallados a continuación:

R (responsable) ¿Quién está haciendo la tarea?
A (responsable de que se haga) ¿Quién rinde cuentas sobre el éxito de la tarea?
C (consultado) ¿Quién proporciona entradas?
I (informado) ¿Quién recibe la información?

### 3.4.1 Catalizador 1: Principios, Políticas y Marcos de Referencia

En el diagnóstico de este catalizador, se obtuvieron los siguientes puntajes para la Situación Actual:

---

[5] Análisis elaborado en el capítulo II

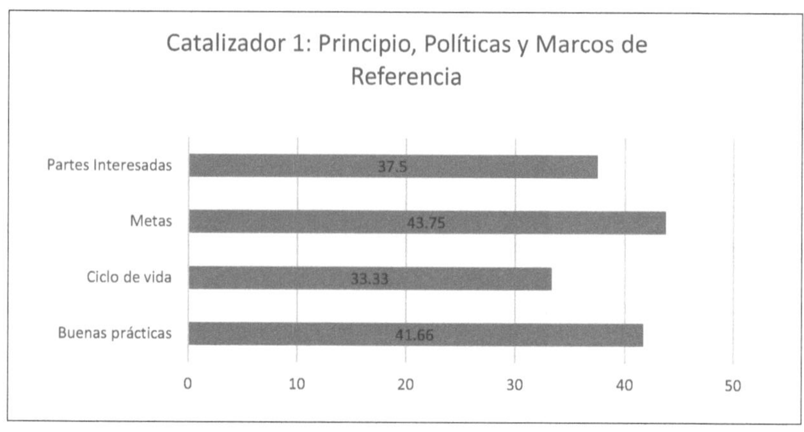


Figura 10. Situación Actual Catalizador 1

Para mejorar esta situación, se propone:

Plan de Acción

1. Crear el Comité de Seguridad de la Información, dando cumplimiento a los entes de control.
2. Adopción de marcos de referencia y buenas prácticas que faciliten el cumplimiento de leyes, regulaciones y objetivos institucionales.
3. Elaboración y mantenimiento de políticas en las que se incluya roles, responsabilidades, enfoque de cumplimiento y casos de excepción.
4. Incorporar elementos de control de políticas con la inclusión del tiempo de vigencia e importancia y tolerancia al riesgo.
5. Asegurar que las políticas se comunican a todo el personal de modo que los miembros de la organización se encuentren informados.

Entregables

1. Documento Acta de Constitución del Comité de Seguridad de la Información.
2. Documento de la propuesta de implementación de marcos de referencia y buenas prácticas
3. Documento de reformulación del reglamento interno.
4. Manual de Políticas de TI.

Responsabilidades

Todo el personal involucrado en la adopción de gobierno corporativo de TI debe conocer las políticas y principios vigentes, su desconocimiento no los libera de las sanciones que se puede imponer por su inobservancia, según lo establecido en el reglamento interno.

Matriz RACI

Tabla 45. Matriz RACI Políticas, Principios y Marcos de Referencia

| Rol / Políticas, principios y marcos de referencia | Negocio | | | | | | | | | Dirección de TIC | | | | | Consultoría Externa | |
|---|---|---|---|---|---|---|---|---|---|---|---|---|---|---|---|---|
| | Coordinador General Administrativo y | Dirección Administrativa | Dirección Financiera | Dirección de Talento Humano | Dirección de Planificación | Coordinador General de Asesoría Jurídica | Director de Procesos | Oficial de Seguridad de la Información | Comité de Tecnología | Coordinar General de TIC | Director de Soporte a Usuarios | Director de Proyectos | Director de Infraestructura y Operaciones | Director de Seguridad de la Información, Interoperabilidad y Riesgos | Consultor | Personal Contratado |
| Adopción de marcos de referencia y buenas prácticas que faciliten el cumplimiento de leyes, regulaciones y objetivos institucionales. | I | A | I | | R | C | C | C | I | R | C | C | C | C | C | |
| Elaboración y mantenimiento de políticas en las que se incluya roles, responsabilidades, enfoque de cumplimiento, tolerancia al riesgo y casos de excepción. | I | A | | C | R | I | I | C | I | R | I | I | I | I | C | |
| Incorporar elementos de control de políticas con la inclusión del tiempo de vigencia e importancia. | I | A | | C | R | I | I | C | I | R | I | I | I | I | C | |
| Asegurar que las políticas se implantan y se comunican a todo el personal de modo que los miembros de la organización se encuentren informados | A | R | I | C | R | I | I | I | I | R | I | I | I | I | C | |

Indicador de Gestión
- Frecuencia de revisión y actualización de las políticas

Caracterización

Tabla 46. Caracterización Principios, Políticas y Marcos de Referencia

| Catalizador 1: Principios, Políticas y Marcos de Referencia | | | |
|---|---|---|---|
| **INSUMOS (dimensiones)** | | **PLAN DE ACCIÓN** | **ENTREGABLES** | **INDICADORES DE GESTIÓN** |
| Partes Interesadas | 37.5% | Crear el comité de Seguridad de la Información. | • Documento acta de constitución del comité de seguridad de la información. | • Frecuencia de revisión y actualización de políticas. |
| Metas | 43.75% | Adopción de marcos de referencia y buenas prácticas. | • Documento de la propuesta de implementación de marcos de referencia y buenas prácticas. | |
| Ciclo de Vida | 33.33% | Elaboración y mantenimiento de políticas en las que se incluya roles, responsabilidades, enfoque de cumplimiento, tolerancia al riesgo y casos de excepción. | | |
| Buenas prácticas | 41.66% | Incorporar elementos de control de políticas con la inclusión de tipo de vigencia, tolerancia al riesgo e importancia | • Documento de reformulación del reglamento interno. | |
| | | Asegurar que las políticas se implantan y se comunican | | |
| **RESPONSABILIDADES** | | | **PRINCIPIOS ISO 38500** | **PROCESOS** |
| Conocer las políticas y principios vigentes | | | Conformidad | APO02, MEA03,EDM01 |

## 3.4.2 Catalizador 2: Procesos

En el diagnóstico de este catalizador, se obtuvieron los siguientes puntajes para la Situación Actual:

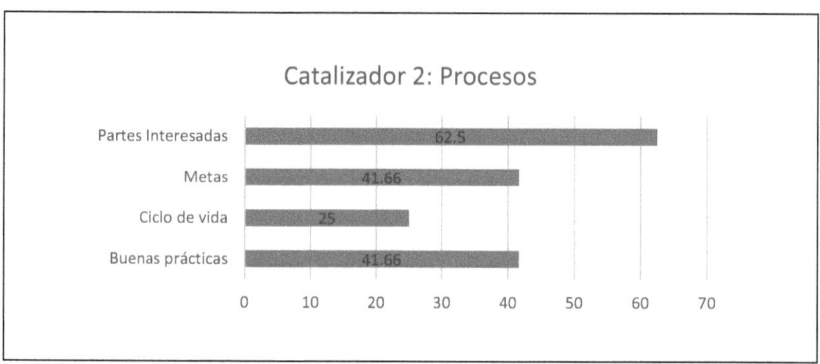


Figura 11. Situación Actual Catalizador 2

Para mejorar esta situación, se propone:

Plan de acción

1. Incorporar procesos de TI que garanticen el cumplimiento de la estrategia institucional.
2. Supervisar la ejecución y la efectividad del Gobierno de TI en la empresa.
3. Establecer y mantener buenas prácticas en la evaluación de la capacidad del proceso.
4. Dirigir y ajustar los procesos y metodologías para asegurar la adecuada Gestión de TI.
5. Garantizar que el sistema de Gobierno de TI está incorporado al Gobierno Corporativo.

Entregables

1. Documento con la aprobación del Mapa de Procesos.
2. Documento con la aprobación del Plan de Implementación de Gobierno de TI.
3. Documento con el detalle del Nivel de Capacidad de los Procesos de TI.

Responsabilidades

Asegurar que los procesos de TI sean diseñados, implementados y gestionados de una manera eficiente, efectiva y dentro de un marco integral referenciado por las mejores prácticas.

## Matriz RACI

### Tabla 47. Matriz RACI Procesos

| Procesos / Rol | Negocio | | | | | | | | | Dirección de TIC | | | | | Consultoría Externa | |
| --- | --- | --- | --- | --- | --- | --- | --- | --- | --- | --- | --- | --- | --- | --- | --- | --- |
| | Coordinador General Administrativo y | Dirección Administrativa | Dirección Financiera | Dirección de Talento Humano | Dirección de Planificación | Coordinador General de Asesoría Jurídica | Director de Procesos | Oficial de Seguridad de la Información | Comité de Tecnología | Coordinar General de TIC | Director de Soporte a Usuarios | Director de Proyectos | Director de Infraestructura y Operaciones | Director de Seguridad de la Información, Interoperabilidad y Riesgos | Consultor | Personal Contratado |
| Incorporar procesos de TI que garanticen el cumplimiento de la estrategia institucional. | I | C | | | C | | R | I | I | A | R | R | R | R | R | |
| Supervisar la ejecución y la efectividad del gobierno de TI en la empresa | I | I | | I | A | | C | I | I | R | I | I | I | I | C | |
| Establecer y mantener buenas prácticas en la evaluación de la capacidad del proceso. | | I | | I | I | | A | | I | R | | | | | C | |
| Dirigir y ajustar los procesos y metodologías para asegurar la adecuada gestión de TI | | I | | I | I | | R | I | I | A | R | R | R | R | R | R |
| Garantizar que el sistema de gobierno de TI está incorporado al gobierno corporativo | I | I | | I | A | | | | I | R | I | I | I | I | C | |

## Caracterización

### Tabla 48. Caracterización Procesos

| Catalizador 2: Procesos | | | |
| --- | --- | --- | --- |
| **INSUMOS (dimensiones)** | **PLAN DE ACCIÓN** | **ENTREGABLES** | **INDICADORES DE GESTIÓN** |
| Partes Interesadas — 62.5% | Incorporar procesos de TI que garanticen el cumplimiento de la estrategia institucional | • Documento con la aprobación del mapa de procesos. | • Nivel de capacidad de los procesos. |
| Metas — 41.66% | Supervisar la ejecución y la efectividad del gobierno de TI | • Documento con la aprobación el plan de implementación de Gobierno de TI. | • Número de procesos implementados |
| Ciclo de Vida — 25.0% | Establecer y mantener buenas prácticas en la evaluación de la capacidad del proceso | • Documento con el detalle de nivel de desempeño de los procesos de TI. | • Porcentaje de unidades de negocio involucradas en la evaluación y priorización de procesos. |
| Buenas prácticas — 41.66% | Dirigir y ajustar los procesos y metodologías para asegurar la adecuada gestión de TI | | |
| | Garantizar que el sistema de gobierno de TI está incorporado al gobierno corporativo | | |
| **RESPONSABILIDADES** | | **PRINCIPIOS ISO 38500** | **PROCESOS** |
| Asegurar la entrega de beneficios al contar con procesos diseñados, implementados y gestionados de una manera eficiente y efectiva | | Responsabilidad Estrategia Adquisición Desempeño Cumplimiento Factor Humano | EDM01,EDM02,EDM03,EDM04,EDM05 APO01,APO02,APO03,APO05,APO07, APO08,APO09,APO010,APO011,APO012 APO013 BAI01,BAI02,BAI03,BAI04,BAI05,BAI06, DSS01,DSS04,DSS06,MEA01,MEA03 |

### 3.4.3 Catalizador 3: Estructuras Organizativas

En el diagnóstico de este catalizador, se obtuvieron los siguientes puntajes para la Situación Actual:

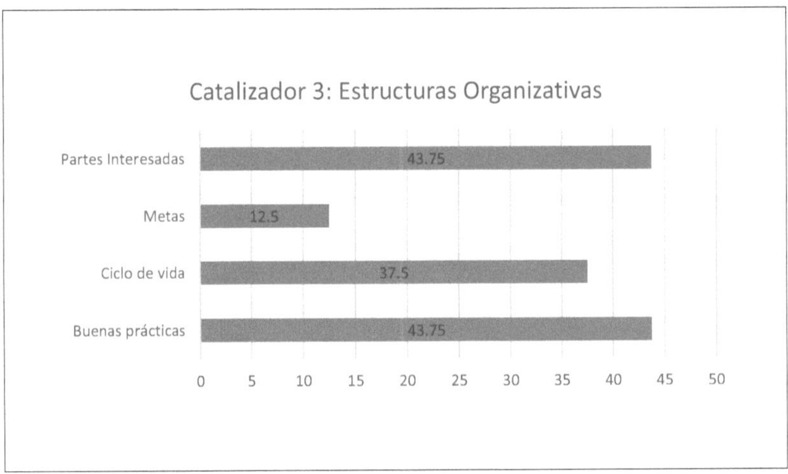


Figura 12. Situación Actual Catalizador 3

Para mejorar esta situación, se propone:

Plan de Acción

1. Dirigir y comunicar a nivel de empresa, la entrega de valor y la obtención de resultados para un control eficaz del cumplimiento de las metas de TI a través del Comité de TI.
2. Evaluar todas las peticiones de cambio emitidas por el jerárquico superior en función del impacto que ocasionan a TI.
3. Evaluar la efectividad de la integración y alineamiento de las metas de TI con los objetivos estratégicos de la Institución.
4. Evaluar mecanismos que aseguran precisión, fiabilidad y eficacia con el propósito de determinar si se están cumpliendo los requisitos de los diferentes interesados.

Entregables

1. Acta de constitución del comité de TI.
2. Documento actualizado de la estructura de TI.
3. Documento con el modelo de gobierno de TI.

Responsabilidades

Es responsabilidad de la alta gerencia o Comité de TI reformular el modelo de gobierno y gestión a petición del jerárquico superior en el caso de existir cambios normativos.

Matriz RACI

Tabla 49. Matriz RACI Estructuras Organizativas

| Rol / Estructuras Organizativas | Negocio | | | | | | | | | Dirección de TIC | | | | | Consultoría Externa | |
| --- | --- | --- | --- | --- | --- | --- | --- | --- | --- | --- | --- | --- | --- | --- | --- | --- |
| | Coordinador General Administrativo y | Dirección Administrativa | Dirección Financiera | Dirección de Talento Humano | Dirección de Planificación | Coordinador General de Asesoría Jurídica | Director de Procesos | Oficial de Seguridad de la Información | Comité de Tecnología | Coordinar General de TIC | Director de Soporte a Usuarios | Director de Proyectos | Director de Infraestructura y Operaciones | Director de Seguridad de la Información, Interoperabilidad y Riesgos | Consultor | Personal Contratado |
| Dirir y comunicar a nivel de empresa, la entrega de valor y la obtención de resultados para un control eficaz del cumplimiento de las metas de TI a través del Comité de TI | I | A | I | I | I | I | I | | I | R | C | C | C | C | C | |
| Evaluar todas las peticiones de cambio emitidas por el jerárquico superior en función del impacto que ocasionan a TI | | I | | | A | | C | R | I | R | I | I | I | R | C | R |
| Evaluar la efectividad de la integración y alineamiento de las metas de TI con los objetivos estratégicos de la Institución | I | A | I | I | C | I | R | I | I | R | | C | | I | R | R |
| Evaluar mecanismos que aseguran precisión, fiabilidad y eficacia con el propósito de determinar si se están cumpliendo los requisitos de los diferentes interesados. | I | R | I | I | A | | C | I | I | R | | C | | | C | |

Indicadores de Gestión

- Frecuencia de las reuniones del Comité de TI.
- Porcentaje de roles asignados según responsabilidades identificadas.

Caracterización

| Catalizador 3: Estructuras Organizativas | | | | |
|---|---|---|---|---|
| SITUACIÓN INICIAL | | PLAN DE ACCIÓN | ENTREGABLES | INDICADORES DE GESTIÓN |
| Partes Interesadas | 43.75% | Dirir y comunicar a nivel de empresa, la entrega de valor y la obtención de resultados para un control eficaz del cumplimiento de las metas de TI a través del Comité de TI. | • Acta de constitución del comité de TI. | • Frecuencia de las reuniones del Comité de TI. |
| Metas | 58.33% | Evaluar todas las peticiones de cambio emitidas por el jerárquico superior en función del impacto que ocasionan a TI. | • Documento con el modelo de gobierno de TI | • Porcentaje de roles asignados según responsabilidades identificadas. |
| Ciclo de Vida | 75.0% | Evaluar la efectividad de la integración y alineamiento de las metas de TI con los objetivos estratégicos de la Institución. | • Documento con el modelo de gestión de TI | |
| Buenas prácticas | 66.66% | Evaluar los mecanismos para asegurar la precisión, la fiabilidad y la eficacia y determinar si se están cumpliendo los requisitos de los diferentes interesados. | | |
| RESPONSABILIDADES | | | PRINCIPIOS ISO 38500 | PROCESOS |
| Reformular el modelo de gobierno y gestión a petición del jerarquico superior en el caso de existir cambios normativos | | | Responsabilidad | EDM05, BAI05 |

Tabla 50. Caracterización Estructuras Organizativas

## 3.4.4 Catalizador 4: Cultura, Ética y Comportamiento

En el diagnóstico de este catalizador, se obtuvieron los siguientes puntajes para la Situación Actual:

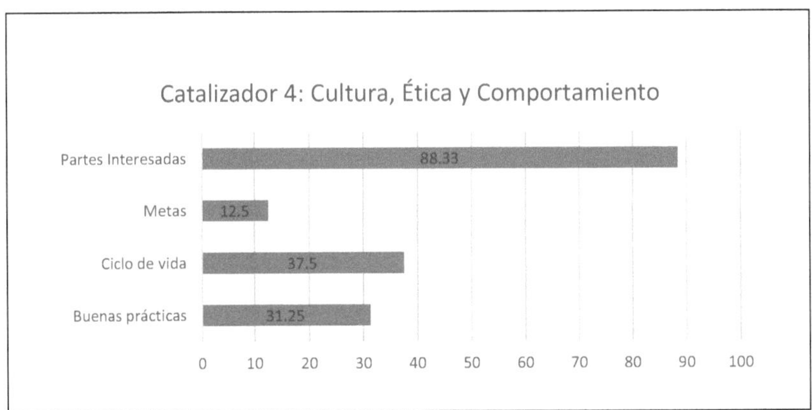


Figura 13. Situación Actual Catalizador 4

Para mejorar esta situación, se propone:

Plan de Acción

1. Evaluar y supervisar continuamente al personal en función de la cultura y ética y cultura organizacional.
2. Actualizar y socializar periódicamente los lineamientos que rigen el comportamiento, la ética y la cultura organizacional.
3. Proponer y coordinar proyectos relativos a cultura organizacional, ética y comportamiento.

Entregables

1. Documento plan de medición de cultura organizacional.
2. Documento plan de mejoramiento y desarrollo de la cultura organizacional.
3. Documento actualización y mejoras al código de ética institucional.

Responsabilidades

Es obligación del personal involucrado en el modelo de Gobierno de TI cumplir con las disposiciones respecto a la cultura, ética y comportamiento institucional

Matriz RACI

Tabla 51. Matriz RACI Cultura, Ética y Comportamiento

| Rol / Cultura, ética y comportamiento | Negocio | | | | | | | | | Dirección de TIC | | | | | Consultoría Externa | |
| --- | --- | --- | --- | --- | --- | --- | --- | --- | --- | --- | --- | --- | --- | --- | --- | --- |
| | Coordinador General Administrativo y | Dirección Administrativa | Dirección Financiera | Dirección de Talento Humano | Dirección de Planificación | Coordinador General de Asesoría Jurídica | Director de Procesos | Oficial de Seguridad de la Información | Comité de Tecnología | Coordinar General de TIC | Director de Soporte a Usuarios | Director de Proyectos | Director de Infraestructura y Operaciones | Director de Seguridad de la Información, Interoperabilidad y Riesgos | Consultor | Personal Contratado |
| Evaluar y supervisar continuamente al personal en función de la cultura y ética y cultura organizacional. | I | A | | R | C | I | I | | I | R | C | C | C | C | R | |
| Actualizar y socializar periódicamente los lineamientos que rigen el comportamiento, la ética y la cultura organizacional. | I | I | | A | R | | I | I | I | R | I | I | I | I | C | |
| Proponer y coordinar proyectos relativos a cultura organizacional, ética y comportamiento. | I | A | I | C | R | I | I | I | I | I | | | | | C | |

Indicador de Gestión

- Número de taller de sociabilización de cultura y ética realizados en la institución

Caracterización

Tabla 52. Caracterización Cultura, Ética y Comportamiento

| Catalizador 4: Cultura, Ética y Comportamiento | | | |
|---|---|---|---|
| **SITUACIÓN INICIAL** | | **PLAN DE ACCIÓN** | **ENTREGABLES** | **INDICADORES DE GESTIÓN** |
| Partes Interesadas | 88,33% | Evaluar y supervisar continuamente al personal en función de la cultura y ética y cultura organizacional | • Documento plan de medición de cultura organizacional. | • Número de taller de sociabilización de cultura y ética realizados en la institución. |
| Metas | 12.5% | Actualizar y socializar periódicamente los lineamientos que rigen el comportamiento, la ética y la cultura organizacional. | • Documento plan de mejoramiento y desarrollo de la cultura organizacional. | |
| Ciclo de Vida | 37.5% | Proponer y coordinar proyectos relativos a cultura organizacional, ética y comportamiento. | • Documento actualización y mejoras al código de ética institucional. | |
| Buenas prácticas | 31.25% | | | |

| RESPONSABILIDADES | PRINCIPIOS ISO | PROCESOS |
|---|---|---|
| Es obligación del personal involucrado en el modelo de Gobierno de TI cumplir con las disposiciones respecto a la cultura, ética y comportamiento institucional | Comportamiento Humano | APO07,BAI02,BAI05,EDM05 |

## 3.4.5 Catalizador 5: Información

En el diagnóstico de este catalizador, se obtuvieron los siguientes puntajes para la Situación Actual:

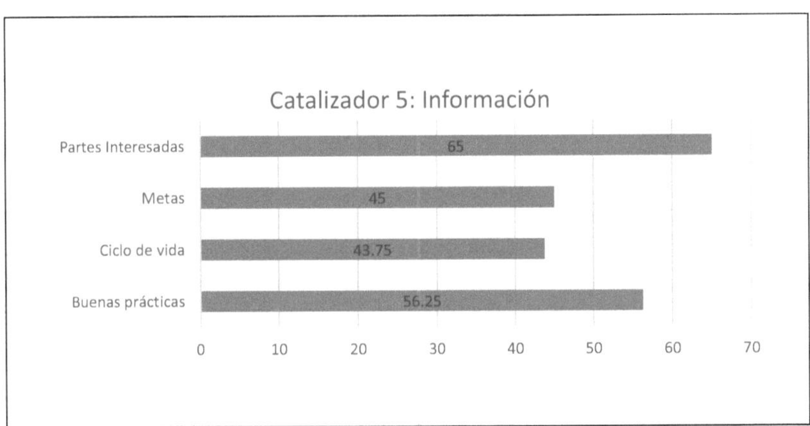


Figura 14. Situación Actual Catalizador 5

Para mejorar esta situación, se propone:

Plan de Acción

1. Planificación de la arquitectura de la información y el desarrollo de estándares y definiciones.
2. Definir e implementar procedimientos para asegurar la protección de datos a más de aplicar políticas de seguridad.
3. Establecer un esquema de clasificación para toda la empresa en relación a la criticidad y relevancia de la información donde se incluya responsables, controles de seguridad y registros de datos.
4. Análisis de los principales tipos y fuentes de datos con el propósito de garantizar la disponibilidad de los datos.
5. Establecer procesos para trasladar la información a los lugares donde debe ser accedida y utilizada y recuperada
6. Garantizar la integridad y consistencia de la información.

Entregables

1. Documento de rediseño de arquitectura de datos.
2. Documento de políticas y controles de información.
3. Documento de inventario y clasificación de activos de información.
4. Documento procedimientos, políticas de respaldo de información.

Responsabilidades

Supervisar que la organización use modelos de información puesto que las partes interesadas en el gobierno de la empresa necesitan información cuando asumen roles, cumplen actividades e interactúan con otros. (ISACA , 2014, pág. 83).

Matriz RACI

Tabla 53. Matriz RACI Información

| | Negocio | | | | | | | | | Dirección de TIC | | | | | Consultoría Externa | |
|---|---|---|---|---|---|---|---|---|---|---|---|---|---|---|---|---|
| **Información \ Rol** | Coordinador General Administrativo y | Dirección Administrativa | Dirección Financiera | Dirección de Talento Humano | Dirección de Planificación | Coordinador General de Asesoría Jurídica | Director de Procesos | Oficial de Seguridad de la Información | Comité de Tecnología | Coordinar General de TIC | Director de Soporte a Usuarios | Director de Proyectos | Director de Infraestructura y Operaciones | Director de Seguridad de la Información, Interoperabilidad y Riesgos | Consultor | Personal Contratado |
| Planificación de la arquitectura de la información y el desarrollo de estándares y definiciones. | I | C | I | | R | C | I | C | I | A | | C | R | C | | |
| Definir e implementar procedimientos para asegurar la protección de datos a más de aplicar políticas de seguridad. | | I | I | I | C | | I | A | I | I | I | I | I | R | C | |
| Establecer un esquema de clasificación para toda la empresa en relación a la criticidad y relevancia de la información donde se incluya responsables, controles de seguridad y registros de datos. | A | R | C | C | R | I | I | C | C | R | I | C | C | C | C | |
| Análisis principales tipos y fuentes de datos con el propósito de garantizar la disponibilidad de los datos. | I | C | C | C | A | C | | | I | I | C | C | R | C | C | |
| Establecer procesos involucrados en trasladar la información a los lugares donde debe ser accedida y utilizada, recuperación de la información y conversión de información de una forma a otra mantener la información actualizada, así como otros tipos actividades de gestión de la información. | | C | | | I | | I | A | I | I | | | R | R | R | |
| Garantizar la integridad y consistencia de la información. | I | I | I | I | I | I | C | C | | A | | C | R | R | C | |

## Indicadores de Gestión

- Porcentaje de clasificación de la información por nivel de criticidad.

## Caracterización

## Tabla 54. Caracterización Información

| Catalizador 5: Información | | | |
|---|---|---|---|
| **SITUACIÓN INICIAL** | **PLAN DE ACCIÓN** | **ENTREGABLES** | **INDICADORES DE GESTIÓN** |
| Partes Interesadas — 65,00% | Planificación de la arquitectura de la información y el desarrollo de estándares y definiciones. | • Documento de rediseño de arquitectura de datos. | |
| Metas — 45,00% | Definir e implementar procedimientos para asegurar la protección de datos a más de aplicar políticas de seguridad. | • Documento de políticas y controles de información . | • Porcentaje de información confiable y de calidad. |
| Ciclo de Vida — 43.75% | Establecer un esquema de clasificación para toda la empresa en relación a la criticidad y relevancia de la información donde se incluya responsables, controles de seguridad y registros de datos. | • Documento de inventario y clasificación de activos de información. | • Nivel de clasificación de la información. |
| Buenas prácticas — 56.25% | Análisis principales tipos y fuentes de datos con el propósito de garantizar la disponibilidad de los datos. | • Documento procedimientos, políticas de respaldo de información. | |
| | Garantizar la integridad y consistencia de la información. | | |

| RESPONSABILIDADES | PRINCIPIOS ISO 38500 | PROCESOS |
|---|---|---|
| Superivar que la empresa use el modelo de la Información puesto que las partes interesadas en el gobierno de la empresa necesitan información cuando asumen roles, cumplen actividades e interactúan con otros | Estrategia | EDM02 APO01,APO02,APO03,APO05,APO07, APO08,APO09,APO010,APO011,APO012 APO013 |

### 3.4.6 Catalizador 6: Servicios, Infraestructura y Aplicaciones

En el diagnóstico de este catalizador, se obtuvieron los siguientes puntajes para la Situación Actual:

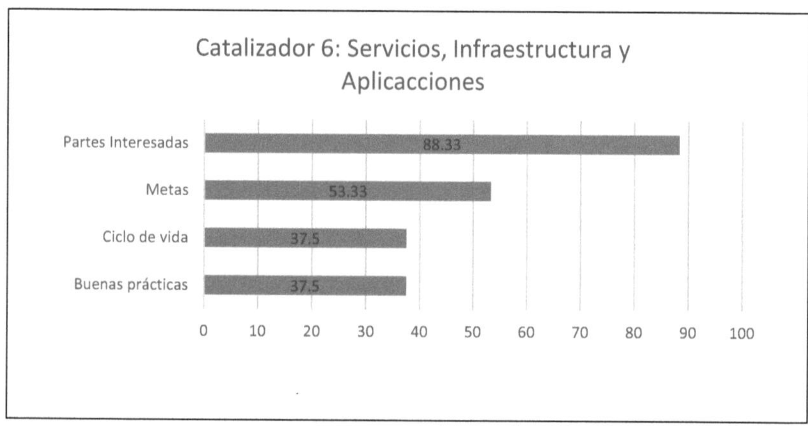


Figura 15. Situación Actual Catalizador 6

Para mejorar esta situación, se propone:

Plan de acción

1. Realizar evaluaciones periódicas sobre el nivel de satisfacción de los servicios ofrecidos por TI.
2. Evaluar y monitorear oportunamente cuando un servicio ya no es requerido o no cubre las necesidades de la institución.
3. Adoptar buenas prácticas para la prestación de servicios de TI.
4. Garantizar que la arquitectura tecnológica de TI cumpla con las características de escalabilidad y flexibilidad, logrando reducir los tiempos de atención al ciudadano.
5. Coordinar y gestionar el aseguramiento y disponibilidad de infraestructura, instalación, configuración y mantenimiento de los recursos tecnológicos requeridos para el servicio de los sistemas informáticos.
6. Gestionar los acuerdos de niveles de servicio y calidad para la producción y mantenimiento tecnológico.

Entregables

1. Documento con el detalle de capacidades de TI.
2. Documento portafolio de proyectos.
3. Documento catálogo de servicios de TI.
4. Documento arquitectura tecnológica de TI con características de escalabilidad y flexibilidad que permita la reducción de tiempos de respuesta.
5. Documento plan de arquitectura de aplicaciones.
6. Documento evaluación, definición de niveles de servicio.
7. Documento plan de aseguramiento de la infraestructura tecnológica.

Responsabilidades

Dirigir y ajustar los servicios, aplicaciones e infraestructura tecnológica para asegurar el adecuado gobierno de TI.

Matriz RACI

Tabla 55. Matriz RACI Servicios, Infraestructura y Aplicaciones

| Rol — Servicios, infraestructura y aplicaciones | Negocio | | | | | | | | | Dirección de TIC | | | | | Consultoría Externa | |
|---|---|---|---|---|---|---|---|---|---|---|---|---|---|---|---|---|
| | Coordinador General Administrativo y | Dirección Administrativa | Dirección Financiera | Dirección de Talento Humano | Dirección de Planificación | Coordinador General de Asesoría Jurídica | Director de Procesos | Oficial de Seguridad de la Información | Comité de Tecnología | Coordinar General de TIC | Director de Soporte a Usuarios | Director de Proyectos | Director de Infraestructura y Operaciones | Director de Seguridad de la Información, Interoperabilidad y Riesgos | Consultor | Personal Contratado |
| Realizar evaluaciones periódicas sobre el nivel de satisfacción de los servicios ofrecidos por TI. | C | C | C | C | I | C | C | I | I | I | R | I | I | I | A | R |
| Evaluar y monitorear oportunamente cuando un servicio ya no es requerido o no cubre las necesidades del negocio. | I | | | | I | | R | I | I | A | R | | I | I | | |
| Adoptar buenas prácticas para la prestación de servicios de TI. | | | | | I | | | | I | A | R | | | | C | R |
| Garantizar que la arquitectura tecnológica de TI cumpla con las características de escalabilidad y flexibilidad, logrando reducir los tiempos de atención al ciudadano. | | | | | I | | I | I | I | A | | | R | I | C | |
| Coordinar y gestionar el aseguramiento y disponibilidad de infraestructura, instalación, configuración y mantenimiento de los recursos tecnológicos requeridos para el servicio de los sistemas informáticos. | | | | | I | | | | I | A | I | I | R | I | C | |
| Gestionar los acuerdos de niveles de servicio y calidad para la producción y mantenimiento tecnológico. | C | C | | | I | | I | I | I | A | | | R | I | C | |

Indicadores de Gestión

- Número de reportes de incidentes atribuidos a errores ocasionados por servicios, aplicaciones e infraestructura.

Caracterización

Tabla 56. Caracterización Servicios, Infraestructura y Aplicaciones

| Catalizador 6: Servicio, Infraestructura y Aplicaciones | | | | |
|---|---|---|---|---|
| **SITUACIÓN INICIAL** | | **PLAN DE ACCIÓN** | **ENTREGABLES** | **INDICADORES DE GESTIÓN** |
| Partes Interesadas | 37.5% | Realizar evaluaciones periódicas sobre el nivel de satisfacción de los servicios ofrecidos por TI. | • Documento con el detalle de capacidades de TI. • Documento plan de aseguramiento de la infraestructura tecnológica | • Número de reportes de incidentes atribuidos a errores ocacionados por servicios, aplicaciones e infraestructura. |
| Metas | 53.55% | Evaluar y monitorear oportunamente cuando un servicio ya no es requerido o no cubre las necesidades de la institución. | • Documento portafolio de proyectos. | |
| Ciclo de Vida | 37.5% | Adoptar buenas prácticas, para la prestación de servicios de TI. | • Documento portafolio de productos y servicios. | |
| Buenas prácticas | 37.5% | Garantizar que la arquitectura tecnológica de TI cumpla con las características de escalabilidad y flexibilidad, logrando reducir los tiempos de atención al ciudadano. | • Documento evaluación,definición de niveles de servicio. | |
| | | Coordinar y gestionar el aseguramiento y disponibilidad de infraestructura, instalación, configuración y mantenimiento de los recursos tecnológicos requeridos para el servicio de los sistemas informáticos. | • Documento arquitectura tecnológica de TI con características de escalabilidad y flexibilidad que permita la reducción de tiempos de respuesta. | |
| | | Gestionar los acuerdos de niveles de servicio y calidad para la producción y mantenimiento tecnológico. | • Documento plan de arquitectura de aplicaciones | |
| **RESPONSABILIDADES** | | | **PRINCIPIOS ISO 38500** | **PROCESOS** |
| Dirigir y ajustar los servicios, aplicaciones e infraestructura tecnológica para asegurar el adecuado gobierno de TI. | | | Rendimiento  Adquisición | EDM01,EDM02,EDM03,EDM04,EDM05 APO01,**APO02**,APO03,APO05,APO07, APO08,**APO09**,APO010,APO011,APO012 APO013  BAI01,BAI02,BAI03,BAI04,BAI05,BAI06 |

## 3.4.7 Catalizador 7: Personas, Habilidades y Competencias

En el diagnóstico de este catalizador, se obtuvieron los siguientes puntajes para la Situación Actual:

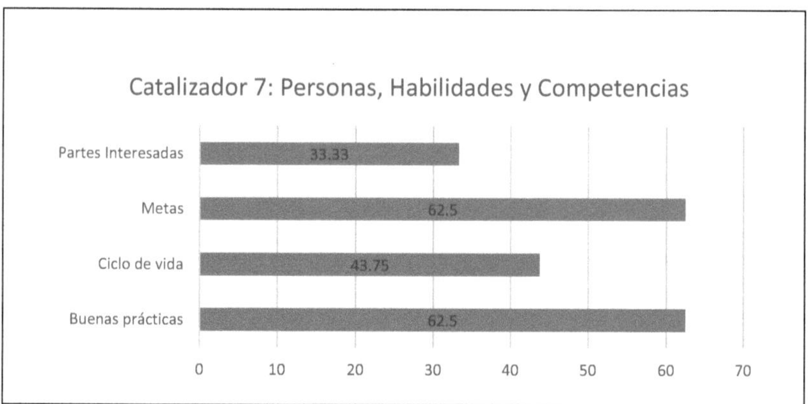


Figura 16. Situación Actual Catalizador 7

Para mejorar esta situación, se propone:

Plan de Implementación

1. Proporcionar entrenamiento continuo que consolide los conocimientos, habilidades y competencias entre los funcionarios de TI con el propósito de alcanzar las metas organizacionales.
2. Generar un modelo de compensación por productividad.
3. Automatizar el conocimiento o la experiencia del personal interno y externo.
4. Identificar competencias en función de los roles desempeñados en el área de TI.
5. Elaborar y poner en consideración de las autoridades institucionales la aprobación del plan anual de capacitación y desarrollo de competencias del talento humano de TI.
6. Evaluar las necesidades de personal para asegurar que la empresa tiene suficientes recursos humanos para apoyar los objetivos de TI.

Entregables

1. Documento de necesidades relacionado a capacitaciones y entrenamiento al personal.
2. Documento propuesta de modelo de compensación por productividad.
3. Documento propuesta de implementación de base de conocimientos.
4. Documento análisis de competencias del talento humano de TI.
5. Documento plan de capacitación y asistencia técnica aprobado por la Coordinación General de Planificación.

Responsabilidades

Supervisar periódicamente los mecanismos para el gobierno de TI acordados.

Matriz RACI

Tabla 57. Matriz RACI Personas, Habilidades y Competencias

| Personas, habilidades y competencias / Rol | Negocio | | | | | | | | | Dirección de TIC | | | | | Consultoría Externa | |
|---|---|---|---|---|---|---|---|---|---|---|---|---|---|---|---|---|
| | Coordinador General Administrativo y | Dirección Administrativa | Dirección Financiera | Dirección de Talento Humano | Dirección de Planificación | Coordinador General de Asesoría Jurídica | Director de Procesos | Oficial de Seguridad de la Información | Comité de Tecnología | Coordinar General de TIC | Director de Soporte a Usuarios | Director de Proyectos | Director de Infraestructura y Operaciones | Director de Seguridad de la Información, Interoperabilidad y Riesgos | Consultor | Personal Contratado |
| Proporcionar entrenamiento continuo que consolide los conocimientos, habilidades y competencias entre los funcionarios de TI con el propósito de alcanzar las metas organizacionales. | | I | C | R | C | | | | I | A | I | I | I | | C | |
| Generar un modelo de compensación por productividad. | I | R | I | A | C | I | I | I | I | I | | | | | R | R |
| Automatizar el conocimiento o la experiencia del personal interno y externo | I | C | I | R | C | | | | I | A | | R | | | C | |
| Identificar competencias en función de los roles desempeñados en el área de TI. | | A | | R | R | | | I | I | I | | | | | C | |
| Elaborar y poner en consideración de las autoridades institucionales la aprobación del plan anual de capacitación y desarrollo de competencias del talento humano de TI. | I | I | | | C | I | | | I | A | | | | | R | R |
| Evaluar las necesidades de personal en forma regular o en cambios importantes en la empresa, operativos o en los entornos para asegurar que la empresa tiene suficientes recursos humanos para apoyar las metas y objetivos empresariales. | | I | | R | I | | | | I | A | R | R | R | R | R | R |

## Indicadores de Gestión

- Porcentaje del personal de TI evaluado en función de sus habilidades y competencias.
- Número de horas de aprendizaje/prácticas por empleado.

## Caracterización

Tabla 58. Caracterización Personas, Habilidades y Competencias

| Catalizador 7: Personas, Habilidades y Competencias | | | |
|---|---|---|---|
| SITUACIÓN INICIAL | PLAN DE ACCIÓN | ENTREGABLES | INDICADORES DE GESTIÓN |
| Partes Interesadas — 33.33% | Proporcionar entrenamiento continuo que consolide los conocimientos, habilidades y cultura entre los funcionarios de TI con el propósito de alcanzar las metas organizacionales. | • Documento de necesidades relacionado a capacitaciones y entrenamiento al personal. | • Porcentaje del personal de TI evaluado en función de sus habilidades y competencias. |
| Metas — 62.5% | Generar un modelo de compensación por productividad. | • Documento propuesta de modelo de compensación por productividad | • Número de horas de aprendizaje/prácticas por trabajador. |
| Ciclo de Vida — 43.75% | Automatizar el conocimiento o la experiencia del personal interno y externo | • Documento propuesta de implementación de base de conocimiento. | |
| Buenas prácticas — 33.33% | Identificar competencias en función de los roles desempeñados en el área de TI. | • Documento análisis de competencias del talento humano de TI. | |
| | Elaborar y poner en consideración de las autoridades institucionales para su aprobación, el plan de capacitación anual y desarrollo de competencias el talento humano de TI. | • Documento planes de capacitación y asistencia técnica aprobado por la Coordinación General de Planificación | |
| | Evaluar las necesidades de personal para asegurar que la empresa tiene suficientes recursos humanos para apoyar los objetivos de TI | | |

| RESPONSABILIDADES | PRINCIPIOS ISO 38500 | PROCESOS |
|---|---|---|
| Supervisar periódicamente si los mecanismos para el gobierno de TI acordados | Comportamiento Humano | EDM01 PO07,BAI02,BAI05,BAI08 |

Una vez diagnosticado los 7 catalizadores de COBIT 5 se procede a la generación del plan de implementación de Gobierno de TI.

## 3.4.8 Plan de implementación

El tiempo estimado para la implementación de los procesos que conforman la propuesta de Gobierno de TI, desarrolado en los anteriores capítulos, se desarrolla un plan de implementación cuyo alcance en tiempo es de dos años. De esta manera se  logrará un nivel de capacidad de "1 Realizado"  es decir  (el proceso se implementa y logra su propósito), en base a la Norma ISO 15504.

Con el propósito de alcanzar progresivamente el nivel de capacidad de los procesos de Tecnología de la Información para la consecución de un buen Gobierno de TI se requiere se efectúe una medición continua de los resultados mediante al menos un indicador de gestión por proceso.

Cada proceso, posee un indicador de gestión con el detalle de la frecuencia de medición, el responsable de hacer y la fuente de donde va a obtener los datos. Ver tabla Nro.63.

Tabla 59. Indicadores de gestión de los procesos

| No. | Proceso | Indicador de Gestión | Frecuencia | Responsable | Fuente |
|---|---|---|---|---|---|
| EDM01 | Asegurar el establecimiento y marco de trabajo de gobierno | Nivel de satisfacción mediante encuestas de las personas interesadas | Semestral | Dirección Administrativa | Encuesta de nivel de satisfacción del marco de trabajo de gobierno |
| EDM02 | Asegurar la entrega de beneficios | Nivel de satisfacción de las partes interesadas con el alcance del portafolio de programas y | Trimestral | Dirección Administrativa | Encuesta de nivel de satisfacción de la entrega de beneficios |
| EDM03 | Asegurar la optimización del riesgo | Número de potenciales riesgos de TI Identificados y gestionados | Mensual | Dirección de Administración | Matriz de riesgos |
| EDM04 | Asegurar la optimización de recursos | Porcentaje de proyectos con asignación de recursos adecuados | Trimestral | Dirección de Administración | Portafolio de proyectos |
| EDM05 | Asegurar la transparencia hacia las partes interesadas | Porcentaje de informes que contienen imprecisiones | Trimestral | Dirección de Administración | Informes del Comité de TI |
| APO01 | Gestionar el marco de gestión de TI | Porcentaje de políticas, estándares y otros elementos catalizadores activos documentados y actualizados | Trimestral | Coordinador General de Tecnologías de la Información | Manual de políticas generales de TI |
| APO02 | Gestionar la estrategia | Porcentaje de objetivos en la estrategia de TI que soportan la estrategia de negocio | Anual | Coordinador General de Tecnologías de la Información | Plan estratégico de TI |

| | | | | | |
|---|---|---|---|---|---|
| APO03 | Gestionar la arquitectura empresarial | Número de procesos alineados con la infraestructura de TI | Semestral | Director de Planificación | Mapeo de Arquitectura de aplicaciones |
| APO05 | Gestionar el portafolio | Porcentaje de inversiones de TI que tienen trazabilidad con la estrategia de la institución | Anual | Director de Planificación | Portafolio de inversiones |
| APO07 | Gestionar los recursos humanos | Número de roles y responsabilidades definidas para el personal de TI. | Trimestral | Coordinador General de Tecnologías de la Información | Roles y responsabilidades de TI |
| APO08 | Gestionar las relaciones | Nivel de satisfacción de los servicios de TI | Trimestral | Coordinador General de Tecnologías de la Información | Encuesta de satisfacción de los servicios de TI |
| APO09 | Gestionar los acuerdos de servicio | Porcentaje de servicio TI activos cubiertos por acuerdos de servicio | Mensual | Coordinador General de Tecnologías de la Información | Catálogos de servicio |
| APO10 | Gestionar los proveedores | Porcentaje de proveedores que cumplen con los requisitos acordados | Mensual | Coordinador General de Tecnologías de la Información | Monitoreo de SLA de proveedores |
| APO11 | Gestionar la calidad | Porcentaje de proyectos revisados que cumplen con las metas y objetivos de calidad | Mensual | Coordinador General de Tecnologías de la Información | Informe de seguimiento de los proyectos |
| APO12 | Gestionar el riesgo | Porcentaje de planes de acción para riesgos de TI ejecutados de la forma que fueron diseñados | Mensual | Coordinador General de Tecnologías de la Información | Matriz de riesgos |
| APO13 | Gestionar la seguridad | Número de incidentes relacionados con la seguridad | Mensual | Oficial de Seguridad de la Información (CISO) | Informe de incidentes de seguridad generado por mesa de ayuda |
| BAI01 | Gestionar los programas y proyectos | Porcentaje de proyectos alineados a la estrategia del negocio | Mensual | Dirección de Administración | Portafolio de proyectos |

| | | | | | |
|---|---|---|---|---|---|
| BAI02 | Gestionar la definición de requerimientos | Número de errores encontrados durante las pruebas | Mensual | Dirección de Planificación | Plan de pruebas |
| BAI03 | Gestionar la identificación y la construcción de soluciones | Número de excepciones al diseño observadas durante la fase de revisión | Mensual | Director de Proyectos | Plan de pruebas funcionales |
| BAI04 | Gestionar la disponibilidad y capacidad | Número de actualizaciones de capacidad, rendimiento o disponibilidad no planificada | Mensual | Director de Infraestructura y Operaciones | Plan de capacidad y disponibilidad de TI |
| BAI05 | Gestionar la facilitación del cambio organizativo | Porcentaje de usuarios adecuadamente formados en el cambio organizativo | Trimestral | Coordinador General Administrativo | Capacitación de gestión del cambio organizativo |
| BAI06 | Gestionar los cambios | Reducción en el tiempo y esfuerzo necesarios para aplicar los cambios | Mensual | Dirección Administrativa | Documento de control de cambios |
| DSS01 | Gestionar las operaciones | Número de incidentes causados por problemas operativos | Mensual | Director de Infraestructura y Operaciones | Bitácora de incidentes |

| | | Número de sistemas críticos para el negocio no cubiertos por el plan de continuidad del negocio | Mensual | Director de Infraestructura y Operaciones | Plan de recuperación de desastres |
| DSS04 | Gestionar la continuidad | | | | |
| DSS06 | Gestionar los controles de los procesos de negocios | Porcentaje de roles de proceso de negocio con una separación clara de tareas | Trimestral | Director Administrativo | Estatuto Orgánico Funcional por Procesos |
| MEA01 | Supervisar, evaluar y valorar rendimiento y conformidad | Porcentaje de procesos con objetivos y métricas definidas | Mensual | Director de Proyectos | Inventario de procesos de TI |
| MEA03 | Supervisar, evaluar y valorar la conformidad con los requerimientos externos | Número anual de incidentes críticos por incumplimiento | Mensual | Dirección Administrativa | Auditorias emitidas por la Contraloría General del Estado |

Una vez definidos los indicadores de gestión de los procesos de TI; se elabora el modelo de Gobierno de TI cuyo tiempo estimado, varía en relación a factores, económicos, normativos y de recursos. Sin embargo a fin de analizar el presente plan, se propone una implementación de 2 años abordado en 4 fases de 6 meses cada una.

El tiempo estimado para los procesos con 0% de capacidad es de alrededor de un mes y medio; mientras que los procesos con al menos un 10% de logro en un mes, cabe mencionar que los procesos serán implementados en paralelo según su interrelación, este criterio parte lecciones aprendidas, al implementar gobierno de TI. A continuación se muestra la interrelación en base a las entradas y salidas existentes para cada proceso evaluado.

Tabla 60. Interrelación de los procesos

| Evaluar, Orientar y Supervisar | Alinear, Planificar y Organizar | Construir, Adquirir e Implementar | Entregar, dar Servicio y Soporte | Supervisar, Evaluar y Valorar |
|---|---|---|---|---|
| EDM01 | APO01 | BAI01 | DSS01 | MEA01 |
| EDM02 | APO02 | BAI02 | DSS04 | MEA03 |
| EDM03 | APO03 | BAI03 | DSS06 | |
| EDM04 | APO05 | BAI04 | | |
| EDM05 | APO07 | BAI05 | | |
| | APO08 | BAI06 | | |
| | APO09 | | | |
| | APO10 | | | |
| | APO11 | | | |
| | APO12 | | | |
| | APO13 | | | |

Como se puede apreciar la tabla Nro. 64 detalla los procesos según el dominio al que pertenecen y su interrelación identificada por color.

Con este enfoque se elabora el plan de implementación, el cual contiene las fechas de implementación de los 27 procesos y 7 catalizadores de COBIT 5, planteado para dos años.

En cuanto al catalizador procesos, finaliza al implementarse los 27 procesos existentes en el mapa de procesos; el catalizador políticas, principios y marcos de referencia, según las buenas prácticas *"...requiere que las políticas formen parte del marco de gobierno y de gestión general, proporcionando una estructura (jerárquica) a la que deberían ceñirse todas las políticas y actuando de enlace con los principios subyacentes..."* (ISACA, 2012, pág. 68), por ende se efectúa en la primera fase al igual que los catalizadores cultura, ética y comportamiento puesto que las políticas deben reflejan su comportamiento, al igual que el catalizador información debido a que las políticas también son información. Mientras que la segunda fase se efectuará el plan de acción relacionado a los catalizadores estructuras organizativas, servicios, infraestructuras y aplicaciones y personas, habilidades y competencias. A continuación se muestra una propuesta de implementación según la metodología propuesto.Ver tabla Nro. 65

Tabla 61. Plan de Implementación

| No. | PROCESO | CRONOGRAMA 2017 | | | | | | | | | | | | CRONOGRAMA 2018 | | | | | | | | | | | |
| --- | --- | --- | --- | --- | --- | --- | --- | --- | --- | --- | --- | --- | --- | --- | --- | --- | --- | --- | --- | --- | --- | --- | --- | --- | --- |
| | | FASE 1 | | | | | | FASE 2 | | | | | | FASE 3 | | | | | | FASE 4 | | | | | |
| | | Enero | Febrero | Marzo | Abril | Mayo | Junio | Julio | Agosto | Septiembre | Octubre | Noviembre | Diciembre | Enero | Febrero | Marzo | Abril | Mayo | Junio | Julio | Agosto | Septiembre | Octubre | Noviembre | Diciembre |
| Catalizador 2 | Procesos | 1 | | | | | | | | | | | | | | | | | | | | | | | 31 |
| Catalizador 1 | Políticas, principios y marcos de referencia | 1 | | | | | | | | | | | | | | | | | | | | | | | |
| Catalizador 4 | Cultura, ética y comportamiento | 1 | | | | | | | | | | | | | | | | | | | | | | | |
| Catalizador 5 | Información | 1 | | | | | | | | | | | | | | | | | | | | | | 30 | |
| EDM01 | Asegurar el establecimiento y marco de trabajo de gobierno | 1 | 15 | | | | | | | | | | | | | | | | | | | | | | |
| EDM02 | Asegurar la entrega de beneficios | | 15 | | | | | | | | | | | | | | | | | | | | | | |
| EDM03 | Asegurar la optimización del riesgo | | | 1 | 15 | | | | | | | | | | | | | | | | | | | | |
| EDM04 | Asegurar la optimización de recursos | | | | 15 | 31 | | | | | | | | | | | | | | | | | | | |
| EDM05 | Asegurar la transparencia hacia las partes interesadas | | | | | | 1   30 | | | | | | | | | | | | | | | | | | |
| APO08 | Gestionar las relaciones | | | | | | | 1 | 15 | | | | | | | | | | | | | | | | |
| APO09 | Gestionar los acuerdos de servicio | | | | | | | | 15 | 15 | | | | | | | | | | | | | | | |
| APO02 | Gestionar la estrategia | | | | | | | | | 1   30 | | | | | | | | | | | | | | | |
| APO01 | Gestionar el marco de gestión de TI | | | | | | | | | 1 | 15 | | | | | | | | | | | | | | |
| APO03 | Gestionar la arquitectura empresarial | | | | | | | | | | 1 | 15 | | | | | | | | | | | | | |
| APO05 | Gestionar el portafolio | | | | | | | | | | | 1 | 15 | | | | | | | | | | | | |
| APO11 | Gestionar la calidad | | | | | | | | | | | 1 | 15 | | | | | | | | | | | | |

| ID | Proceso | Inicio | Fin |
|---|---|---|---|
| APO13 | Gestionar la seguridad | 1 | 31 |
| Catalizador 3 | Estructuras organizativas | 1 | 30 |
| Catalizador 7 | Personas, habilidades y competencias | 1 | 31 |
| Catalizador 6 | Servicios, infraestructuras y aplicaciones | 1 | 30 |
| APO07 | Gestionar los recursos humanos | 15 | 15 |
| APO10 | Gestionar los proveedores | 15 | |
| APO12 | Gestionar el riesgo | 15 | 15 |
| BAI01 | Gestionar los programas y proyectos | 1 | 31 |
| BAI03 | Gestionar la identificación y la construcción de soluciones | 15 | 30 |
| BAI04 | Gestionar la disponibilidad y capacidad | 15 | 30 |
| BAI06 | Gestionar los cambios | 1 | 31 |
| BAI02 | Gestionar la definición de requerimientos | 1 | 30 |
| BAI05 | Gestionar la introducción de cambios organizativos | 1 | 15 |
| DSS01 | Gestionar las operaciones | 15 | 15 |
| DSS04 | Gestionar la continuidad | 15 | 30 |
| DSS06 | Gestionar los controles de los procesos de negocios | 1 | 30 |
| MEA01 | Supervisar, evaluar y valorar rendimiento y conformidad | 1 | 15 |
| MEA03 | Supervisar, evaluar y valorar la conformidad con los requerimientos externos | 1 | 30 |

Los procesos MEA01 Supervisar, Evaluar y Valorar Rendimiento y Conformidad, y MEA03 Supervisar, Evaluar y Valorar la Conformidad con los Requerimientos externos son procesos de monitoreo, por lo cual no se implementan en la primera fase.

Una vez que se ha definido el plan de implementación de la propuesta de Gobierno de TI aplicado a una corporación pública, se logra el alineamiento estratégico de TI con el negocio.

El Marco de Gobierno propuesto facilita las actividades relacionadas a la evaluación, dirección y monitoreo del uso de TI, logrando un buen gobierno de TI.

Cabe recalcar que se pretende evaluar continuamente el nivel de capacidad en los procesos mediante mejora continua con el propósito de incrementar el nivel de capacidad de los procesos que apalancan el Marco de Gobierno de TI.

### 3.4.9 Costo de implementación de Gobierno de TI

Para el análisis de los costos, consideramos los beneficios entregados, debido a que en la mayoría de casos el gasto tecnológico no se identifica con claridad hacia la Institución.

Esto quiere decir, que no se trata del monto total que se inyecte al Área de Tecnología, sino demostrar la mejora de satisfacción para este caso de estudio seleccionado, enfocado en los ciudadanos, servicios consistentes, maximizar la realización de oportunidades de negocio y cumplimiento regulatorio, así logramos a transitar el camino del alineamiento TI y la Organización.

Se estiman los siguientes costos de implementación de Gobierno de TI:

1. Costos operativos (luz, agua, teléfono, internet).
2. Costos recursos humanos.
3. Costo consultoría externa.

A continuación se muestra un ejemplo tomado de una corporación pública, de este modo se desglosa el costo operativo de la misma.

Tabla 62. Costos operativos adicionales

| | VALOR FACTURA PROMEDIO | Nº DE FUNCIONARIO EN EDIFICIO |
|---|---|---|
| **AGUA** | $ 1.480,31 | 240 |
| | VALOR SEGÚN CANTIDAD DE FUNCIONARIOS | Nº DE FUNCIONARIO EN OFICINA |
| | $ 12,34 | 2 |
| | VALOR FACTURA PROMEDIO | Nº DE FUNCIONARIO EN EDIFICIO |
| **LUZ** | $ 2.391,75 | 240 |
| | VALOR SEGÚN CANTIDAD DE FUNCIONARIOS | Nº DE FUNCIONARIO EN OFICINA |
| | $ 19,93 | 2 |
| | VALOR FACTURA PROMEDIO | Nº DE FUNCIONARIO EN EDIFICIO |
| **TELÉFONO** | $ 931,56 | 240 |
| | VALOR SEGÚN CANTIDAD DE FUNCIONARIOS | Nº DE FUNCIONARIO EN OFICINA |
| | $ 7,76 | 2 |
| | VALOR FACTURA PROMEDIO | Nº DE FUNCIONARIO EN EDIFICIO |
| **INTERNET** | $ 4.000,00 | 240 |
| | VALOR SEGÚN CANTIDAD DE FUNCIONARIOS | Nº DE FUNCIONARIO EN OFICINA |
| | $ 33,33 | 2 |
| **TOTAL** | $ | 73,36 |

Para el cálculo de costos operativos, se toman los montos de (valor factura promedio) usados por la Dirección de Proyectos.

Para la estimación de cada uno de los componentes operativos (luz, agua, teléfono, Internet) se usa la siguiente fórmula.

Costo operativo componente= Valor factura promedio / Número de funcionarios en el edificio.

Una vez obtenido el costo operativo por componente (luz, agua, teléfono, Internet) se multiplica por el número de funcionarios requeridos para la propuesta de Gobierno de TI.

Valor según cantidad de funcionarios=Costo operativo componente * Número de funcionarios en la oficina

Luego se calcula el total con la sumatoria de los costos de cada componente, a continuación se detalla un análisis de costo

De esta manera se obtiene el costo operativo por mes, sin embargo para la estimación de costos se debe efectuar la multiplicación del Total por los 6 meses de implementación comprendidos en cada fase.

El segundo costo de recursos humanos se obtiene a partir del sueldo del recurso contratado, el cual se obtiene del aplicar la fórmula:

Costo: sueldo recurso * período de tiempo

De esta manera se obtiene el costo operativo por mes, sin embargo para la estimación de costos se debe efectuar la multiplicación del costo recurso humano por los 6 meses de implementación comprendidos en cada fase.

A continuación se efectúa como ejemplo la estimación de costos de implementación de Gobierno de TI.

Tabla 63. Estimación de Costos de implementación

| Fase | Proceso | | Tiempo | Operativo | Costo Recurso Humano | Consultoría Externa |
|---|---|---|---|---|---|---|
| Fase I | EDM01 | Asegurar el establecimiento y marco de trabajo de gobierno | 6 meses | $ 442,74 | $ 10.056,00 | $ 21.246,00 |
| | EDM02 | Asegurar la entrega de beneficios | | | | |
| | EDM03 | Asegurar la optimización del riesgo | | | | |
| | EDM04 | Asegurar la optimización de recursos | | | | |
| | EDM05 | Asegurar la transparencia hacia las partes interesadas | | | | |
| | APO01 | Gestionar el marco de gestión de TI | | | | |
| Fase II | APO02 | Gestionar la estrategia | 6 meses | $ 442,74 | $ 10.056,00 | $ 21.246,00 |
| | APO03 | Gestionar la arquitectura empresarial | | | | |
| | APO05 | Gestionar el portafolio | | | | |
| | APO07 | Gestionar los recursos humanos | | | | |
| | APO08 | Gestionar las relaciones | | | | |
| | APO09 | Gestionar los acuerdos de servicio | | | | |
| | APO10 | Gestionar los proveedores | | | | |
| Fase III | APO11 | Gestionar la calidad | 6 meses | $ 442,74 | $ 10.056,00 | $ 21.246,00 |
| | APO12 | Gestionar el riesgo | | | | |
| | APO13 | Gestionar la seguridad | | | | |
| | BAI01 | Gestionar los programas y proyectos | | | | |
| | BAI02 | Gestionar la definición de requerimientos | | | | |
| | BAI03 | Gestionar la identificación y la construcción de soluciones | | | | |
| | BAI04 | Gestionar la disponibilidad y capacidad | | | | |
| Fase IV | BAI05 | Gestionar la introducción de cambios organizativos | 6 meses | $ 442,74 | $ 10.056,00 | $ 21.246,00 |
| | BAI06 | Gestionar los cambios | | | | |
| | DSS01 | Gestionar las operaciones | | | | |
| | DSS04 | Gesionar la continuidad | | | | |
| | DSS06 | Gestionar los controles de los procesos de negocios | | | | |
| | MEA01 | Supervisar, evaluar y valorar rendimiento y conformidad | | | | |
| | MEA03 | Supervisar, evaluar y valorar la conformidad con los requerimientos externos | | | | |
| | | Subtotal | | $ 1.770,96 | $ 40.224,00 | $ 84.983,99 |
| | | Total | | $ 126.978,95 | | |

Una vez obtenido los costos para cada fase, se procede a sumar cada costo por fase hasta obtener el subtotal de los costos operativos para las cuatro fases.

Subtotal operativo

Subtotal recurso humano

Subtotal consultoría externa

Al final se obtendría el costo total de la implementación de Gobierno de TI para las 4 fases en un período de 2 años, detallado a continuación.

Total= Subtotal Operativo+ Subtotal Recurso humano Subtotal consultoría externa.

Una vez efectuado la estimación de costos se obtiene el valor total, sin embargo cabe mencionar que la estimación es directamente proporcional al tiempo.

# 4. CAPÍTULO IV. CONCLUSIONES Y RECOMENDACIONES

## 4.1 Conclusiones

La efectividad de un Marco de Gobierno de TI depende fundamentalmente del compromiso y apoyo otorgado por la máxima autoridad, ya que el rol del nivel directivo o Cuerpo de Gobierno está relacionado con la evaluación, dirección y monitoreo hacia el Cuerpo de Gestión.

Al diseñar las estrategias de TI, se deberá tener en cuenta el potencial actual de TI; debido que, el Marco de Gobierno de TI apalancará el cumplimiento y la flexibilidad para soportar los cambios organizacionales, además de satisfacer las necesidades estratégicas de la Institución.

La implementación de Gobierno de TI, se logrará si todo el personal se encuentra comprometido, bajo una cultura organizacional enfocada en el cambio, mejorando la imagen corporativa y la satisfacción de los usuarios; de este modo, se cambiará la imagen de TI para que se la vea como un activo estratégico de la Institución.

Durante el desarrollo de esta propuesta de Gobierno de TI, se logró identificar los puntos débiles y problemas detallados en el capítulo III a los cuales la Institución se enfrenta en la actualidad tomándolos como punto de partida para la implementación del Gobierno y Gestión de TI, lo que permite contar con una línea base para ir hacia la mejora continua.

El desarrollo de un Marco de Gobierno de TI demanda habilidades y competencias especiales en los niveles directivos de una organización, por lo que es importante dotarles de los conocimientos necesarios para el cumplimiento de actividades y toma de decisiones en las estructuras organizativas.

## 4.2 Recomendaciones

Se recomienda mantener una relación basada en la confianza mutua, usando términos entendibles, lenguaje común con el jerárquico superior con lo cual los diagnósticos y las valoraciones de alto nivel crearán compromiso para actuar, lo cual permite catalogar al Marco de Gobierno de TI como una solución integral a la problemática institucional.

Se recomienda adoptar el Marco de Gobierno de TI, a fin de mantener el alineamiento de las metas de TI con los objetivos institucionales en términos de una visión clara de la Institución, además de poseer una guía en el desarrollo de elementos facilitadores como políticas, principios, desarrollo de habilidades y competencias en el personal, estructuras organizativas, cultura ética y comportamiento, que son factores de éxito para el logro de dichos objetivos.
Se recomienda a las Organizaciones en especial el Departamento de Talento Humano gestionar los aspectos humanos, culturales y de comportamiento del personal y motivar a los interesados en involucrarse con el buen Gobierno de TI, como se indica en la propuesta de implementación del catalizador 4, de modo que se garantice la comprensión del alcance de la adopción de este marco de trabajo.

Con el propósito de mantener la percepción del valor de la adopción del Marco de Gobierno de TI en el nivel jerárquico superior,  se recomienda realizar una medición continua de los resultados obtenidos en el  plan de acción de mejora de los catalizadores, según los resultados del indicador de gestión propuesto, a fin de alcanzar progresivamente mejoras en el nivel de capacidad, esto  facilitará la identificación de iniciativas para mejorar el Marco de Gobierno Corporativo de TI.

Para garantizar el éxito en la implementación del Marco de Gobierno de TI dentro una organización, es necesario incorporar talleres de capacitación al personal interno tanto del negocio como de TI, a fin de generar un equipo multidisciplinario, de este modo se logrará plasmar un  lenguaje común en la institución. Las capacitaciones hacia el personal se recomiendan se realicen por expertos en el área de Gobierno de TI, siendo quienes realicen el acompañamiento de la implementación de la presente propuesta.

# REFERENCIAS

Alvarado, V. (2014). *Plan Nacional de Gobierno Electrónico.* Recuperado el 10 de Febrero de 2016, de http://www.gobiernoelectronico.gob.ec/wpcontent/uploads/downloads/2016/03/PlanGobiernoElectronicoV1.pdf

Alvares, M. y Chavez, M. (2016). *Balanced ScoreCard, una filosofía de gestión empresarial.* Recuperado el 12 de Marzo de 2016, de http://www.itson.mx/publicaciones/pacioli/documents/no66/17ael_bsc_una_herramienta_para_la_planeacion_estrategicax.pdf

Andrade, A. (2016). *Código de Ética para la Secretaría Nacional de Educación Superior Ciencia Tecnología e Innovación Senescyt.* Recuperado el 13 de Marzo de 2016, de http://www.senescyt.gob.ec/adjuntos/VIGENTE/ADMINISTRATIVO/pdf/11-09-19%20ACUERDO%20N%B0%202011-059-A%20C%D3DIGO%20DE%20%C9TICA%20PARA%20LA%20SECRETAR%CDA%20NACIONAL%20DE%20EDUCACI%D3N%20SUPERIOR,%20CIENCIA,%20TECNOLOG%CDA%20E%20INNOVACI%D3N%20SENESCYT.pdf

Asamblea Nacional. (2011). *Reglamento de la Ley Orgánica de Educación Superior CEAACES.* Recuperado el 22 de Abril de 2016, de http://www.ceaaces.gob.ec/sitio/wp-content/uploads/2013/10/rloes1.pdf

Asamblea Nacional. (2015). *Ley Orgánica de Transparencia y Acceso a la Información.* Recuperado el 23 de Febrero de 2016, de http://www.turismo.gob.ec/wp-content/uploads/downloads/2014/09/LOTAIP.pdf

Ballester, M. (2010). Gobierno de las TIC ISO/IEC 38500. *JOnline ISACA*, 4. Recuperado el 16 de Junio de 2016, de Gobierno de las TIC ISO/IEC 38500: http://www.isaca.org/Journal/archives/2010/Volume-1/Pages/Gobierno-de-las-TIC-ISO-IEC-385001.aspx

Cobo,O. y Vanti, A. (2015). *Gobernanza empresarial de tecnologías de la información.* Santander: Universidad Cantabria.

Contraloría General del Estado. (2012). *Normas de Control Interno para el Sector Público.* Recuperado el 12 de Julio de 2016 de, http://www.abaco.ec/equal/ipaper/cge-norm-0002.doc

Cordero, G. D. (2006). *Mejores prácticas para implantar el Gobierno de Tecnologías de la Información(TI),en la universidad ecuatoriana.* Recuperado el  13 de Agosto de 2016, de http://www.incyt.upse.edu.ec/revistas/index.php/rctu/article/download/Art%2055/

Coronel, K. (2014). *Repositorio Digital.* Recuperado el 09 de Septiembre de 2016, de http://repositorio.puce.edu.ec/handle/22000/6249

DINARDAP. (2016). *Dato Seguro.* Recuperado el 11 de Octubre de 2016 de, https://www.datoseguro.gob.ec/

Fernández A, L. F. (2016). *Gobierno de las tecnologías de la información en universidades.* Recuperado el 11 de Septiembre de 2016, de https://rua.ua.es/dspace/bitstream/10045/20617/1/Folleto%20Gobierno%20TI.pdf

Fernández C, P. M. (2012). *Modelo para el gobierno de las TIC basado en las normas ISO.* AENOR. Recuperado el 11 de Agosto de, 2016 http://www.exevi.com/doc/modelo_para_el_gobierno_de_las_ti_basado_en_las_normas_iso.pdf

Fernández, A. L. (2016). *Gobierno de las TI para universidades.* Recuperado el 11 de Octubre de 2016, de https://rua.ua.es/dspace/bitstream/10045/18817/1/ gobierno_de_las_TI_para_universidades_imprimible.pdf

Flores, Brenda., Astorga M., Rodríguez O., Ibarra J., Andrade M. (2014). *Revista Facultad de Ingeniería Universidad de Antioquia.* Recuperado el 07 de Marzo de 2016, de Interpretación de las normas mexicanas para la implantación de procesos de software y evaluación de la capacidad bajo un enfoque de gestión de conocimiento: http://www.scielo.org.co/pdf/rfiua/n71/n71a09.pdf

Gerrard, M. (2010). *Gartner Group*. Recuperado el 11 de Mayo de 2016, de IT Governance: http://www.gartner.com/it/initiatives/pdf/KeyInitiativeOverview_ITGovernance.pdf

Gobierno Nacional de la República del Ecuador. (2016). *Secretaría de Educación Superior, Ciencia, Tecnología e Innovación*. Recuperado el 26 de Marzo de 2016, de http://www.educacionsuperior.gob.ec/educacion-superior/

Gómez, R. (2010). Metodología y gobierno de la gestión de riesgos de tecnologías de la información. *Revista de Ingeniería*, 109-118.

ISACA . (2014). Governance Institute. *isaca-annual-report*, 24.

ISACA. (2012). *Implementación*. Rolling Meadows: ISACA.

ISACA. (2012). *Procesos Catalizadores COBIT*. EEUU: Algonquin Road.

ISACA. (2012). *Un Marco de Negocio para el Gobierno y la Gestión de la TIC*. Rolling Meadows: 3701 Algonquin Road, Suite 1010.

Ministerio de Relaciones Laborales. (2016). *Escalas de Remuneración del Sector Público*. Recuperado el 11 de Julio de 2016 de, http://www.trabajo.gob.ec/wp-content/uploads/2012/05/ResolucionNo.MR-2012-0021.pdf

Muñoz, I. &. (2011). Gobierno de TI – Estado del arte . *S&T* , 31.

Ponce T, H. (2007). *Enseñanza e Investigación En Psicología*. Recuperado el 11 de Agosto de 2016, de http://cneip.org/documentos/revista/CNEIP_12-1/Ponce_Talancon.pdf

Ramírez, R. (2012). *ACUERDO No. 2012-004*. Recuperado el 10 de Septiembre de 2016, de http://www.educacionsuperior.gob.ec/wp-content/uploads/downloads/2013/04/12-01-16-ACUERDO-N%C2%B0-2012-004-INSTRUCTIVO-PARA-EL-USO-Y-CONTROL-DE-UNIFORMES-DOTADOS-A-LAS-Y-LOS-SERVIDORES-P%C3%9ABLICOS-DE-LA-SENESCYT.pdf

Ramirez, R. (2013). *ACUERDO Nro. 2013-105*. Recuperado el 26 de Febrero de 2016, de http://investigacion.utpl.edu.ec/sites/default/files/files/Acuerdo%202013-105%20y%20Listado%20PhD.pdf

Ramírez, R. (2015). Estatuto Orgánico De Gestión Organizacional Por Procesos. Ecuador.

Satish, K. (2016). *Service Managers.Org*. Recuperado el 19 de Marzo de 2016, de Service Managment Community: https://servicemanagers.org/iso-15504-spice-capability-assessment/

Secretaría de Eduación Superior, Ciencia Tecnología e Innovación. (2016). *Consulta de Títulos Registrados*. Recuperado el 19 de Agosto de 2016, de http://www.senescyt.gob.ec/web/guest/consultas

Secretaría de Educación Superior Ciencia Tecnología e Innovación. (2015). Acuerdo N°. 2015-133. *Estatuto Orgánico de Gestión Organizacional por Procesos*. Ecuador: Edición Especial.

Secretaría de Educación Superior, Ciencia Tecnología e Innovación. (2015). *Normas de Regulación*. Recuperado el 02 de Marzo de 2016, de Transparencia: http://www.educacionsuperior.gob.ec/wp-content/uploads/downloads/2013/02/Gr%C3%A1ficos-y-explicaci%C3%B3n-del-mapa-de-procesosNORMAS-DE-REGULACI%C3%93N.pdf

Secretaría de Educación Superior, Ciencia Tecnología e Innovación. (2012). *Proyecto de Inversión Senescyt*. Recuperado el 11 de Junio de 2016, de http://www.educacionsuperior.gob.ec/wp-content/uploads/downloads /2015/04/Talento-Humano-Infraestructutra.pdf

Secretaría de Educación Superior, Ciencia y Tecnología e Innovación. (2016). PETI Institucional documento preliminar. Ecuador.

Secretaría de Educación Superior, Ciencia, Tecnología e Innovación. (2015). *Modelo de Gestión*. Quito.

Secretaría de Educación Superior, Ciencia, Tecnología e Innovación. (2016). *Rendicion de Cuentas 2015*. Recuperado el 10 de Agosto de 2016, de Secretaría de Educación Superior, Ciencia, Tecnología e Innovación: http://www.senescyt.gob.ec/rendicion2015/

SNIESE. (2016). *Sistema Nacional de Información de Educación Superior del Ecuador*. Recuperado el 09 de Septiembre de 2016, de https://infoeducacionsuperior.gob.ec/#/indicadores

Thompson, A. S. (1998). *Dirección y administración estratégicas*. México: MacGraw-Hill Interamericana.

UNE-ISO/IEC 38500. (2013). *Gobernanza corporativa de la Tecnología de la Información (TI)*. Madrid: AENOR.

Upmball. (2016). *El Cuadro de Mando Integra CMI*. Recuperado de 12 de Agosto de 2016, de http://www.centrem.cat/ecomu/upfiles/publicacions/publica7.pdf

# ANEXOS

Anexo 1. Glosario de Términos

*Balanced Scorecard:* Cuadro de Mando Integra

COBIT 5: Marco de Gobierno de TI

CEAACES: Consejo de Evaluación, Acreditación y Aseguramiento de la Calidad de la Educación Superior.

EGSI: Esquema Gubernamental de Seguridad de la Información.:

ISO/IEC 38500:2008 *Corporate Governance of Information Technology.*

IES: Instituciones de Educación Superior.

ITFH: Instituto de Fomento al Talento Humano.

IPIS: Institutos Públicos de Investigación Superior.

POA: Plan Operativo Anual

PETI: Plan Estratégico de Tecnologías de la Información

OE: Objetivo Estratégico

MC: Meta Corporativa

MT: Meta de TI

# I want morebooks!

Buy your books fast and straightforward online - at one of the world's fastest growing online book stores! Environmentally sound due to Print-on-Demand technologies.

## Buy your books online at

# www.get-morebooks.com

¡Compre sus libros rápido y directo en internet, en una de las librerías en línea con mayor crecimiento en el mundo! Producción que protege el medio ambiente a través de las tecnologías de impresión bajo demanda.

## Compre sus libros online en

# www.morebooks.es

SIA OmniScriptum Publishing
Brivibas gatve 1 97
LV-103 9 Riga, Latvia
Telefax: +371 68620455

info@omniscriptum.com
www.omniscriptum.com

MIX
Papier aus verantwortungsvollen Quellen
Paper from responsible sources
FSC® C105338
FSC
www.fsc.org